智库丛书
Think Tank Series

国家发展与战略丛书
人大国发院智库丛书

修复调整与基础再造的中国宏观经济

Adjustment and Foundation Reconstruction
of China's Macroeconomy

刘晓光　刘元春　闫　衍　著

中国社会科学出版社

图书在版编目(CIP)数据

修复调整与基础再造的中国宏观经济 / 刘晓光，刘元春，闫衍著 .—北京：中国社会科学出版社，2020.9

（国家发展与战略丛书）

ISBN 978-7-5203-7196-4

Ⅰ.①修… Ⅱ.①刘…②刘…③闫… Ⅲ.①中国经济—宏观经济—研究 Ⅳ.①F123.16

中国版本图书馆 CIP 数据核字（2020）第 177572 号

出 版 人	赵剑英
责任编辑	马 明
责任校对	王福仓
责任印制	王 超

出　　版	中国社会科学出版社
社　　址	北京鼓楼西大街甲 158 号
邮　　编	100720
网　　址	http://www.csspw.cn
发 行 部	010-84083685
门 市 部	010-84029450
经　　销	新华书店及其他书店
印　　刷	北京君升印刷有限公司
装　　订	廊坊市广阳区广增装订厂
版　　次	2020 年 9 月第 1 版
印　　次	2020 年 9 月第 1 次印刷
开　　本	710×1000　1/16
印　　张	10
插　　页	2
字　　数	101 千字
定　　价	58.00 元

凡购买中国社会科学出版社图书，如有质量问题请与本社营销中心联系调换
电话：010-84083683
版权所有　侵权必究

摘　要

2020年注定是中国和世界经济史上极为特殊的一年。突如其来的新冠肺炎疫情对中国宏观经济运行和微观市场主体产生了剧烈冲击，全球经贸体系经历了二战以来最为严重的一次"大停摆"。各国纷纷推出的一揽子宏观刺激政策都是"史诗级"的，十年前没有，未来十年也难以再有。疫情过后，全球经济格局将再次发生重大转变。中国最早受到疫情冲击、最快控制住疫情、最先实现复工复产，中国经济的复苏和基础再造对于全球经济具有标志性、引领性意义。本报告主要内容包括两大方面：一是判断超级疫情冲击下中国经济的基本走势与回升潜力；二是基于以上判断为疫后经济修复和中长期发展提供适用的政策建议。重点关注四个核心问题：（1）现阶段中国经济复苏的进展和性质；（2）下阶段中国经济复苏面临的主要挑战和风险点；（3）如何科学安排一揽子规模性政策和工具组合以产生理想政策效果；（4）现有政策空间是否足以应对各种风险挑战、增强韧性和实现基础再造。在以上分析判断的基础上，基于经济自我调整力量和宏观政策拉动效应的模拟分析，形成对2020年中国宏观经济核心指标的预测和展望，据此提出系统性政策建议。

报告的核心观点是：从经济停摆到最终实现宏观经济循环常态化运行，中国经济复苏需要经历生产复苏、需求复苏、供需平衡三个阶段，当前的经济复苏正处于从第一阶段向第二阶段转换的关键期，即以推动复工复产为先导、以供给面修复为标志的行政型经济复苏已经完成，但是以需求扩张为先导、以经济循环修复为标志的市场型深度复苏刚刚开始。尽管面临多重风险因素和趋势性下滑力量叠加的挑战，但中国经济复苏的路径已经逐渐明朗：第一季度有效控制住疫情并成功守住底线、第二季度复工复产下供给面基本修复、下半年规模性政策全面发力下需求持续回升、新一轮改革红利逐步显现，全年将呈现较为强劲的逐季复苏态势，2020年下半年至2021年上半年有望迎来久违的经济高速增长期，能否冲破惯性、迎来更加光明的前景，取决于本轮规模性政策和系列改革举措对中国经济增长的基础再造和格局重塑。

但值得高度警惕的是，在中国经济复苏路径上面临六大风险挑战：（1）疫情发展存在变数、外部形势严峻复杂——需要坚持底线思维；（2）需求修复慢于供给、供需缺口持续扩大——需要全面扩大内需；（3）内部结构分化严重、短板效应可能显化——需要压实"六保"任务；(4) 市场主体心理变化、行为模式趋于保守——需要一剂"强心针"；(5) 政策传导存在阻碍、相关机制有待理顺——需要完善宏观调控；(6) 趋势力量逐步显化、潜在增速可能下滑——需要改革促进动能转换。当前，中国经济复苏正处于阶段转换的关键期，亟须关注新阶段主要矛盾的变化和面临的六大风险与挑战，确保中国经济在复苏的道路上行稳致远。核心 CPI 的回落、PPI 跌幅的扩大、工业环比增速的放缓、民间和制造业投资复苏的迟滞、消费水平的持续紧缩、综合领先指标反弹的停滞，充分说明行政性复工复产已经面临瓶颈，总需求不足的矛盾开始制约经济复苏进程。数值模拟分析表明，如果完全没有政策应对，经济也能自发调整，年底基本恢复至稳态运行，但全年将为负增长。

2020 年是中国的全面小康年，实际政策扩张的空间很大、配套措施充足，政策效果将显著高于往年。测算表明，一揽子规模性政策如果组合搭配科学，所产生的拉动效应足以应对各种风险挑战和经济下行压力，关键在于瞄准宏观经济循环堵点，形成政策合力。对中国经济运行的全景分析表明，供给侧复苏强于需求侧，工业好于服务业，投资好于消费，以复工复产为先导、供给面修复为驱动的第一阶段经济复苏已经完成，需求不足取代供应链中断成为中国经济复苏的最大障碍，消费低迷成为宏观经济循环的关键堵点。近期外需的超预期表现以及供给面修复带来的第一阶段复苏效应，为中国集中精力稳定内需、改善预期提供了宝贵的窗口期，必须在外部贸易摩擦与政治冲突高峰期到来之前，全面扩充内部需求，加快实现市场循环的常态化，实现向市场型深度复苏的顺利转换。

2020年同时也是中国"十三五"规划与"十四五"规划的交接年，政策红利需要与改革红利相配合，提高站位，实现经济增长的基础再造和动能转换。政策目标不应局限于短期总量效果，还应关注中长期结构效应，解决积重难返的深层次体制性结构性问题，打破经济惯性下滑力量，重塑增长基础和发展格局，则疫后中国经济必将迎来更加光明的前景。

根据上述定性判断，设定系列参数，利用中国人民大学中国宏观经济分析与预测模型——CMAFM模型，预测如下：

第一，综合考虑经济自身调整和一揽子规模性政策拉动效应，预测2020年中国实际GDP增速为3.0%左右（数值预测2.9%），较2019年增速回落约3个百分点，但远高于全球经济增速，占全球GDP的比重较上年提高1个百分点至17%。在"六保"和"六稳"举措的目标任务分解下，政府预定的年度经济社会发展目标能够实现，中国经济的国际影响力也将逆势提升。

第二，分半年度预测，预计2020年上半年中国实际GDP增速为-2.0%左右（-1.9%），主要是受到第一季度疫情直接冲击下供需两方面出现大幅负增长和第二季度需求有待恢复导致经济反弹幅度有限的拖累；下半年在宏观政策全面发力和市场主体积极调整的共同作用下,受抑制的消费和投资需求将得到充分释放,经济增长将实现强劲反弹,预计下半年实际GDP增速为7.0%左右。

第三,分季度预测,2020年第一至第四季度中国实际GDP增速分别为-6.8%、2.5%、6.5%、7.5%,呈现持续且较为强劲的逐季复苏特征,有序完成统筹推进疫情防控和经济社会发展的目标任务。若不考虑第一季度疫情严控期的经济非正常表现,第二至第四季度实际GDP同比增长5.6%,以此作为2020年中国实际经济增长能力衡量指标,全面建成小康社会所要求的比2010年GDP翻一番的目标任务能够完成。

基于上述定性判断和数值预测,报告在目前已出台政策举措的基础上,提出以下十方面政策建议:

第一,科学规划第二至第四季度经济社会发展隐含的经济增长目标指引,建议以第二至第四季度实际GDP增速作为全面小康翻一番目标的合理衡量指标。以此确立下半年的宏观政策定位和发挥预期引导作用。

第二,把握第一阶段经济复苏带来的信心提振的窗口期,将中期视角的"预期管理"作为各项宏观政策的统领和重要抓手,果断推出一揽子规模性政策。

第三,高度重视疫情冲击下各类微观市场主体行为模式调整的宏观经济后果,特别是居民消费行为和企业投资行为的过度"保守化"倾向,不仅导致经济复苏节奏放缓,也将导致一些传统政策手段以及预调微调模式的失效，必须要有针对性的政策举措，并且达到一定的力度。

第四，随着中国经济复苏步入新阶段，经济工作的重点必须从行政性复工复产转向有效需求的快速扩展之上，实现向市场型深度复苏的顺利转换。在快速落实一揽子规模化政策和有效需求提升战略的同时，调整宏观经济政策的着力点，从特殊疫情救助向有效需求刺激转变，从供给侧扶持政策向需求侧扩张政策转变。

第五，落实更加积极有为的财政政策必须在《政府工作报告》的基础上，科学组合搭配一揽子规模性政策，疏通宏观经济循环堵点。建议利用《预算报告》拟安排的扩张资金，集中出台三大针对消费、投资和产业的"规模性"政策方案。

第六，更加灵活适度的稳健货币政策，应与积极财政政策的实施相配合，形成政策合力，更好地发挥政策乘数效应和预期引导作用。进一步解决政策利率传导和风险分担机制问题，合理推动金融机构一般贷款利率下行。

第七，宏观审慎监管要与逆周期货币政策协调配合，重点在于"市场秩序建设"而非松紧力度的摇摆，从而在防范风险积累的同时，避免造成市场预期的紊乱。

第八，民生政策要托底，提高就业弹性和失业保险覆盖范围，应对经济下行和民生冲击叠加带来的"双重风险"。

第九，积极应对外部风险挑战，推动形成以国内大循环为主体、国内国际双循环相互促进的新发展格局。

第十，以构建高标准市场经济体系为目标，推动要素市场化改革落地，推出以形成国内市场大循环为导向的新一轮供给侧结构性改革，持续释放制度红利，巩固疫情前中国经济全要素生产率刚刚开始企稳回升的不易成果。

目 录

第一章 总论与预测 …………………………………… (1)

第二章 疫情冲击与修复调整中的中国宏观经济 ………… (11)
  一 新冠肺炎疫情全球蔓延，世界经济遭遇重创 ……… (12)
  二 中国成功守住底线，全年发展目标可期 …………… (19)

第三章 中国经济复苏面临的主要挑战和风险点 ………… (38)
  一 疫情发展存在变数，外部形势严峻复杂
      ——需要坚持底线思维 ……………………………… (38)
  二 需求修复慢于供给，供需缺口持续扩大
      ——需要全面扩大内需 ……………………………… (41)
  三 内部结构分化严重，短板效应可能显化
      ——需要落实"六保"任务 ………………………… (47)
  四 市场主体心理变化，行为模式趋于保守
      ——需要一剂"强心针" …………………………… (56)

五　政策传导存在阻碍，相关机制有待理顺

　　　　——需要完善宏观调控 …………………………（64）

　　六　趋势力量逐步显化，潜在增速可能下滑

　　　　——需要深化改革开放 …………………………（78）

第四章　走向稳健复苏的规模性政策和基础再造 …………（85）

　　一　用好一揽子规模性政策，疏通宏观经济循环

　　　　堵点 …………………………………………………（86）

　　二　强基固本深化改革开放，因势利导把握战略

　　　　机遇期 ………………………………………………（111）

第五章　结论与政策建议 ………………………………………（125）

参考文献 …………………………………………………………（145）

第一章 总论与预测

在突如其来的新冠肺炎疫情冲击下，2020年中国宏观经济经历了第一季度的深度收缩和第二季度的强劲反弹。对2020年宏观经济形势的分析和预测需要打破惯性思维和线性外推局限，在考虑疫情冲击和经济自我修复客观规律的基础上，分阶段、分层次、分情景研判，在关注各类市场主体行为模式调整的基础上，科学评估规模性宏观政策的短期对冲效果和市场化改革的中长期提振作用。

尽管面临国内外多重风险因素和趋势性下滑力量叠加的挑战，但中国在第一季度有效控制住疫情并成功守住底线、第二季度复工达产和市场需求较快恢复、下半年规模性政策全面提力增效、欧美经济重启、新一轮改革红利逐步显现，全年将呈现"逐季回升"的强劲复苏态势，下半年至2021年上半年有望迎来"久违的"经济高速增长期，能否冲破惯性、迎来更加光明的前景，取决于本轮规模性政策和改革举措对中国经济增长的基础再造和格局重塑。

迅速战胜新冠肺炎疫情并成功守住底线是理解中国经济疫后修复特征的基本起点，中国在1个月内迎来疫情发展的拐点、2个月内取得疫情防控的胜利、3个月恢复生产和供应链运转、4个月实现工业增速由负转正、5个月实现服务业增速由负转正，全程保持就业、物价和资本市场的基本稳定，不仅充分展现了中国经济的弹性和韧性，生产供应能力没有遭到系统性破坏，而且说明中国以复工复产为先导、供给面修复为驱动的第一阶段的经济复苏已经顺利完成。（1）将疫情对中国经济的正面冲击"锁定"在第一季度，企业停工停产普遍不超过3个月，这对于保障市场主体存活非常关键！（2）及时出台"六保"政策，使供给面经受住了超级疫情冲击的严峻考验，社会生产供应能力没有遭到破坏，从而在迅速战胜疫情的同时成功守住底线。一是就业稳，守住了不发生失业潮的底线；二是民生稳，守住了不发生社会秩序动乱的底线；三是企业稳，守住了不发生破产倒闭潮底线；四是金融稳，守住了不发生系统性和区域性金融风险的底线。全年必将在可控的区间运行。

居民消费和企业投资持续反弹，但复苏速度越来越慢于供给复苏的速度，供需缺口在经济运行常态化进程中不仅没有缩小反而出现持续扩大的现象，导致中国经济循环常态化的瓶颈性约束从产业链供应链等供给侧因素转向市场需求不足、订单缺乏等需求侧因素，充分说明说明在第一阶段供给驱动的经济复苏的阶段完成之后，新阶段的经济复苏表现将在很大程度上依赖于需求面恢复的节奏和程度。特别是核心 CPI 的回落、PPI 跌幅的扩大、工业环比复苏的放缓、民间制造业投资复苏的迟滞，进一步说明行政性复工复产已经面临瓶颈，总需求不足的矛盾开始制约经济复苏进程，消费紧缩成为宏观经济循环的关键堵点。经济工作的重点应该从行政性复工复产转向有效需求快速扩展，实现向市场型深度复苏的顺利转换。下半年随着规模性政策的提力增效，经济增长可能超预期。

但同时也必须看到，2020 年中国宏观经济运行不仅延续了近年来潜在增速持续下滑和总需求不足的局面，而且在国内疫情余波、海外疫情蔓延和全球经济大衰退的背景下，下半年中国经济面临的需求紧缩效应较为强烈。

一是短期风险因素增多。疫情二次暴发的风险、世界经济形势恶化的风险、全球产业链重构的风险、市场主体绩效结构性恶化的风险、经济分化加剧下的尾部风险以及局部金融风险等，仍会对下半年经济增长形成不利影响。

二是在供给面得到基本修复后，消费、投资、出口需求不足的缺口将显著扩大并持续向供给面传导。这一方面制约企业绩效和收入预期回升，影响制造业和服务业回暖进程；另一方面导致核心 CPI、PPI 持续下行，反过来通过价格紧缩效应导致市场主体感受趋冷，投资和消费信心将愈加不足。

三是疫情冲击下各类市场主体行为模式发生剧烈调整。居民收入和就业预期恶化对消费需求的压制、高度不确定性对投资需求的压制、海外疫情加速蔓延对出口需求的压制，可能导致居民消费行为、企业投资行为、外向型企业转型升级趋于"保守化"，制约短期经济复苏节奏和中长期经济发展质量。

四是疫情影响的异质性以及承受能力差异导致经济结构分化严重，短板效应显化从而可能触及底线。不同于经济系统内的危机，外生疫情冲击下不同行业、不同群体、不同地区受影响的严重程度和脆弱性存在显著差异，尤其是疫情对特定经济活动和脆弱群体的冲击更为剧烈和持久，导致在总体经济回落过程中的结构分化现象严重，中低收入群体和中小企业绩效极度恶化可能触及底线，近期出现的大规模已返城农民工"二次返乡潮"尤其值得关注。

五是疫情冲击及其不当的应对举措，可能导致升级型的结构调整速度放慢而萧条型的结构调整加剧，资源配置效率不高、居民收入分配差距过大等深层次结构性问题更加严重，从而使中国经济结构调整变得更为艰难。

六是中长期趋势性下滑力量可能逐步显化。在疫情冲击之前影响我国经济潜在增速下滑的几大趋势性力量并没有步入新的平台期，而依然处于回落阶段，叠加疫情冲击产生的市场主体行为模式调整、重大结构性失衡问题和全要素生产率下滑，经济增速换挡力量在下半年的显化，将导致反弹幅度低于线性外推预期。

中国在第一季度有效控制住疫情并成功守住经济增长底线，为全年经济社会的健康发展奠定了有利基础，但超级疫情的短期冲击极大,难以依靠经济自发调整实现全年目标,必须旗帜鲜明地推出一揽子规模性政策。在真实经济周期模型中引入疫情冲击,数值模拟分析表明:如果没有政策对冲,经济也能自发调整,年末基本恢复稳态运行,但全年经济将出现较大负增长,实际GDP下降2.1%,消费下降8.3%,投资下降14.2%。2020年是中国全面小康年,实际政策扩张空间很大、配套措施充足,政策效果将显著高于往年。模拟测算表明,一揽子规模政策如果组合搭配科学,可以拉动名义GDP提高7.2%,提高居民人均可支配收入5800元,企业可支配收入2.4万亿元,实现财政回笼资金1.7万亿元,稳定就业岗位7500万个,足以应对各种短期风险挑战。关键在于瞄准宏观经济循环堵点,宏观政策协调配合形成合力,发挥规模效应和预期引导作用。供给面修复带来的第一阶段复苏效应、外需的暂时稳定,为中国集中精力稳定内需、改善预期提供了宝贵的窗口期。必须在外部贸易摩擦与政治冲突高峰期到来之前,全面扩充内部需求,加快实现市场循环的常态化,实现向市场型深度复苏的顺利转换。

2020年同时也是中国"十三五"规划与"十四五"规划的交接年,政策红利要与改革红利相配合,提高站位,实现中国经济增长的基础再造和动能转换。本轮宏观政策规模和改革力度空前,政策目标需要提高定位,不应局限于短期稳定效果,还应关注中长期效应,解决积重难返的深层次体制性结构性问题,打破经济惯性下滑力量,打造更有韧性和增长动力的经济基础,重塑经济发展格局，则疫后中国经济必将迎来更加光明的前景！当前和今后一个时期，我国发展面临的风险挑战前所未有，但是从解决经济顽疾、重塑增长动力的角度看，如果本轮宏观政策和改革举措应对得当，疫后中国经济发展的机遇也同样前所未有。

回顾改革开放40多年来的中国经济增长过程，中国经济长期向好发展的趋势没有改变，社会主义市场经济体制优势、超大规模市场优势、生产研发一体化优势相比以往历史时期更加凸显。面对眼前的困难，我们固然可以找出诸多悲观的理由，但是站在1990年、2000年的历史节点乃至2003年的"非典"时期，又有多少人士能够预见中国经济后来的增长轨迹？对于中国经济的未来应该充满信心，在利用规模性政策加快推动宏观经济循环常态化的基础上，通过改革举措对中国经济增长进行基础再造和格局重塑，特别是新一轮要素市场化改革和社会主义市场经济体制建设加快释放制度红利，与2020年全面小康带来的社会政策红利以及全球同步宽松带来的全球政策红利，共同决定了2020年的政策红利将显著大于前几个年份，不仅有效对冲疫情带来的下行风险，完成"六保"任务，而且在全面建成小康社会的基础上向着第二个百年奋斗目标迈进！

根据上述的一些定性判断，利用中国人民大学中国宏观经济分析与预测模型——CMAFM模型，设定2020年主要宏观经济政策假设：（1）名义一般公共预算赤字率为3.6%；（2）人民币兑美元平均汇率为7.0∶1。分季度预测2020年中国宏观经济核心指标，结果如表1-1所示。

表1-1　　　　　2020年中国宏观经济核心指标预测

预测指标	2018年	2019年	2020年* 第一季度	第二季度*	第三季度*	第四季度*	全年*
1. 国内生产总值增长率（%）	6.7	6.1	-6.8	2.5	6.5	7.5	2.9
其中：第一产业增加值	3.5	3.1	-3.2	3.2	3.5	3.4	2.6
第二产业增加值	5.8	5.7	-9.6	4.5	6.6	7.5	3.0
第三产业增加值	8.0	6.9	-5.2	1.0	6.7	7.9	2.8
2. 固定资产投资完成额（亿元）	635636	551478	84145	285632	462325	559462	559462
（增长率,%）	5.9	5.4	-16.1	-4.5	0.2	1.4	1.4
社会消费品零售总额（亿元）	380987	411649	78580	172947	283543	407784	407784
（增长率,%）	9.0	8.0	-19.0	-11.4	-4.4	-0.9	-0.9
3. 出口（亿美元）	24867	24993	4780	10789	16893	22994	22994
（增长率,%）	9.9	0.5	-13.3	-7.9	-7.5	-8.0	-8.0
进口（亿美元）	21357	20780	4651	9102	14092	19013	19013
（增长率,%）	15.8	-2.7	-2.9	-8.5	-8.0	-8.5	-8.5
贸易盈余（亿美元）	3509	4213	129	1687	2801	3980	3980
4. 广义货币（M2）增长率（%）	8.1	8.7	10.1	11.2	11.5	12.0	12.0
狭义货币（M1）增长率（%）	1.5	4.4	5.0	6.8	7.0	7.0	7.0
社会融资规模（亿元）	224920	255753	110767	198674	266948	321679	321679

续表

预测指标	2018年	2019年	2020年*				
			第一季度	第二季度*	第三季度*	第四季度*	全年*
社会融资存量增长率（%）	10.3	10.7	11.5	12.5	12.7	12.8	12.8
5. CPI同比涨幅（%）	2.1	2.9	4.9	3.8	3.2	3.0	3.0
PPI同比涨幅（%）	3.5	-0.3	-0.6	-2.1	-2.7	-3.0	-3.0
GDP平减指数同比（%）	3.5	1.6	1.6	1.0	0.6	0.5	0.5

注：* 表示预测值；国内生产总值增长率的相关指标为单季数据，其余为累计数据。

上半年：疫情严控期的停工停产及供应链中断、消费和投资需求的急剧收缩，从供给和需求两方面冲击导致第一季度中国实际GDP同比下降6.8%，名义GDP同比下降5.3%，严重偏离中国宏观经济运行的正常轨道。但是第一季度疫情防控取得决定性胜利，复工复产得以全面有效推进，为中国经济在第二至第四季度实现稳步复苏提供了有利基础和根本保障。在以"六稳"和"六保"为核心的逆周期调节政策和市场主体救助政策的有效对冲下，第二季度供给面得到基本修复，需求面也出现明显改善，核心宏观经济指标纷纷由负转正，特别是工业增加值持续正增长，中国经济成功守住底线。但在收入下滑和信心低迷下，"报复性消费"并未出现，投资需求也受到较大压制，均远未恢复至正常增长水平。预计第二季度实际GDP增速将由负转正，但保守估计为2.5%，由此上半年实际GDP增速收于-1.9%。

下半年：在疫情影响持续减弱、宏观政策全面发力、新改革红利加速释放、市场情绪有效改善、微观主体行为积极调整的共同作用下，上半年受到抑制的大部分投资需求和小部分消费需求，有望在下半年得到充分释放或较大程度的回补，从而为短期经济复苏带来强劲动力，使得下半年实际GDP增速出现强劲的反弹，而且增速有望高于2019年同期，达到7%左右，由此全年增速达到3%左右。综合考虑多种情景，2020年中国经济增长区间预期为2.5%—3.5%，数值预测为2.9%，占全球GDP的比重从2019年的16%上升至17%。但是，不同于正常增长轨道下的平稳增长，在各季度逐季回升过程中，不同行业、地区的增长波动极大，各类市场主体受到的冲击程度和承受能力迥异，短板效应和尾部风险将充分显现。在此背景下，"六保"目标任务分解，取代"稳增长"目标，保障经济社会稳定，体现底线思维，宏观政策传导机制和作用渠道发生变化。从横向比较看，尽管2020年中国经济下行压力加大，经济增速显著放缓，但相比全球主要经济体疫情防控和经济表现，中国经济增长和社会发展最为稳定，领先优势更加明显。2020年全球GDP增长预期为负增长3.0%—5.0%，增速下滑6.0—8.0个百分点。在此背景下，中国经济预期实现正增长3.0%左右，高于全球增速6.0—8.0个百分点，作为全球增长引擎的作用更加凸显，国际影响力进一步提升。

表1-2　　　　　　　　2020年中国宏观运行的影响因素

	第一季度	第二季度	第三季度	第四季度	全年
周期性因素					
新冠肺炎疫情冲击					
国内供需冲击	极强↓	中↓	弱↓	弱↓	强↓
海外需求冲击	弱↓	强↓	弱↑	弱↑	中↓
经济系统修复					
微观行为调整	强↓	强↓	中↓	弱↑	中↓
宏观政策对冲	中↑	强↑	极强↑	极强↑	极强↑
趋势性因素					
趋势性下滑力量	隐性化↓	隐性化↓	显化↓	显化↓	弱↓
市场化改革提振	弱↑	强↑	强↑	强↑	强↑
综合增长预期					
定性预期	极低	较低	中高	中高	中低

第二章 疫情冲击与修复调整中的中国宏观经济

新冠肺炎疫情在全球的"车轮式"蔓延，使2020年世界经济和贸易在延续2018—2019年下行趋势的基础上，经历了第二次世界大战以来最为严重的一次"大停摆"。2020—2021年各国经济的表现都将在很大程度上取决于疫情持续期和宏观政策的对冲力度，但受疫情开始时间、持续时间和防控举措严格程度差异的影响，全球主要经济体经济增速先后出现了不同程度的下滑。中国经济最早受到疫情冲击、最快控制住疫情、最先实现复工复产，其疫后的修复速度对于全球经济而言具有标志性和引领性意义。

表2-1　　　　2020年中国宏观经济指标基础数据

预测指标	2018年	2019年	2020年第一季度	2020年1—4月	2020年1—5月
1. 国内生产总值增长率（%）	6.7	6.1	-6.8	—	—
其中：第一产业增加值	3.5	3.1	-3.2	—	—
第二产业增加值	5.8	5.7	-9.6	—	—
第三产业增加值	8.0	6.9	-5.2	—	—

续表

预测指标	2018年	2019年	2020年第一季度	2020年1—4月	2020年1—5月
2. 固定资产投资完成额（亿元）	635636	551478	84145	136824	199194
（增长率,%）	5.9	5.4	-16.1	-10.3	-6.3
社会消费品零售总额（亿元）	380987	411649	78580	106758	138730
（增长率,%）	9.0	8.0	-19.0	-16.2	-13.5
3. 出口（亿美元）	24867	24993	4780	6782	8850
（增长率,%）	9.9	0.5	-13.3	-9.0	-7.7
进口（亿美元）	21357	20780	4651	6200	7636
（增长率,%）	15.8	-2.7	-2.9	-6.0	-8.2
4. 广义货币（M2）增长率（%）	8.1	8.7	10.1	11.1	11.1
狭义货币（M1）增长率（%）	1.5	4.4	5.0	5.5	6.8
社会融资规模（亿元）	224920	255753	110767	141708	173716
社会融资存量增长率（%）	10.3	10.7	11.5	12.0	12.5
5. CPI同比涨幅（%）	2.1	2.9	4.9	4.5	4.1
PPI同比涨幅（%）	3.5	-0.3	-0.6	-1.2	-1.7
GDP平减指数同比（%）	3.5	1.6	1.6	—	—
6. 全国政府性收入（亿元）	258757	274898	58561	79903	101313
增长率（%）	10.6	6.2	-13.8	-13.4	-11.6
全国公共财政收入（亿元）	183352	190382	45984	62133	77672
增长率（%）	6.2	3.8	-14.3	-14.5	-13.6
全国政府性基金收入（亿元）	75405	84516	12577	17770	23641
增长率（%）	22.6	12.0	-12.0	-9.2	-4.5

一 新冠肺炎疫情全球蔓延，世界经济遭遇重创

2020年年初至今，突如其来的新冠肺炎疫情在全球范围内

第二章　疫情冲击与修复调整中的中国宏观经济 | 13

持续蔓延，世界经贸体系被迫陷入"大停摆"。3月11日，世界卫生组织（WHO）宣布，新冠肺炎疫情已构成"全球性大流行"。截至6月15日，疫情遍布全球215个国家和地区，累计确诊病例超过811万例，累计死亡人数接近44万，至今尚未迎来增量拐点，当日新增确诊病例12万例左右，仍处于高位爬坡阶段。关于未来全球疫情的基本走势和经济影响，可从以下五方面"车轮式"发展特点进行观察和判断。

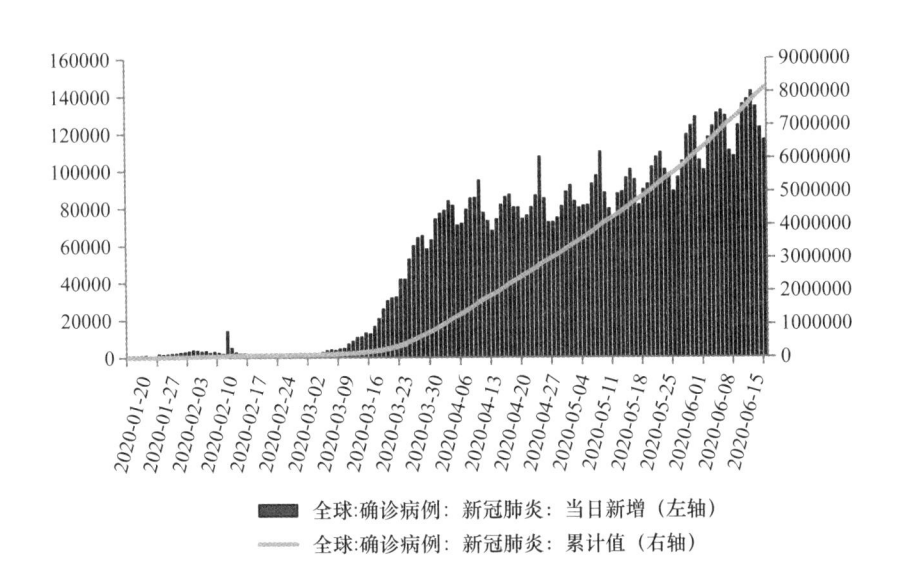

图2-1　全球疫情持续加速蔓延尚未出现拐点（例）

第一，东亚地区主要经济体疫情率先得到有效控制，并基本实现复工复产。在严格的疫情防控举措下，中国、韩国、日本三大主要经济体先后取得疫情防控的阶段性胜利，进入疫后恢复期。东南亚国家（如印度尼西亚、菲律宾等）目前疫情尚未结束，总体较为可控，但存在一定程度的恶化风险。

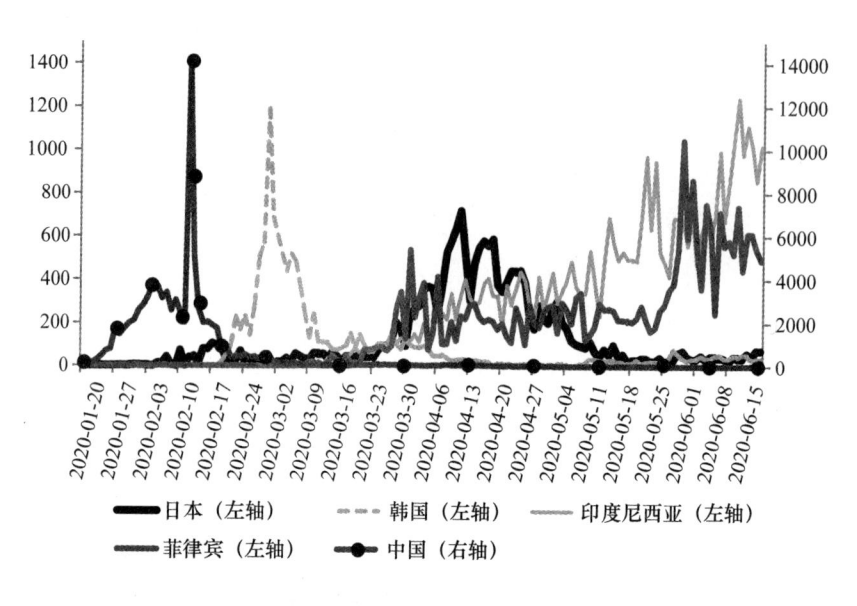

图 2-2 东亚地区主要经济体当日新增确诊病例走势（例）

第二，欧元区主要经济体疫情形势出现明显缓和，开始走向复工复产。截至 2020 年 6 月 15 日，德国、法国、意大利、西班牙日新增确诊病例均回落至 500 例以下。目前欧元区各国已经计划重启经济，预计经济在第二季度遭遇重创后，第三季度有所缓和。欧元区的对外贸易和投资有望逐渐恢复，但疫情二次暴发的风险较大。

第三，美国、俄罗斯两大经济体疫情恶化形势有所缓解，但依然较为严峻。截至 6 月 15 日，美国日新增确诊病例仍在 2 万例的高位，累计确诊病例已超 210 万例，死亡人数近 12 万人；俄罗斯日新增确诊病例仍在 8000 多例的高位，累计确诊病例约

55万例。鉴于美国计划重启经济，预计第三季度经济跌幅有所收窄，但出现第二波疫情高峰的风险加大。

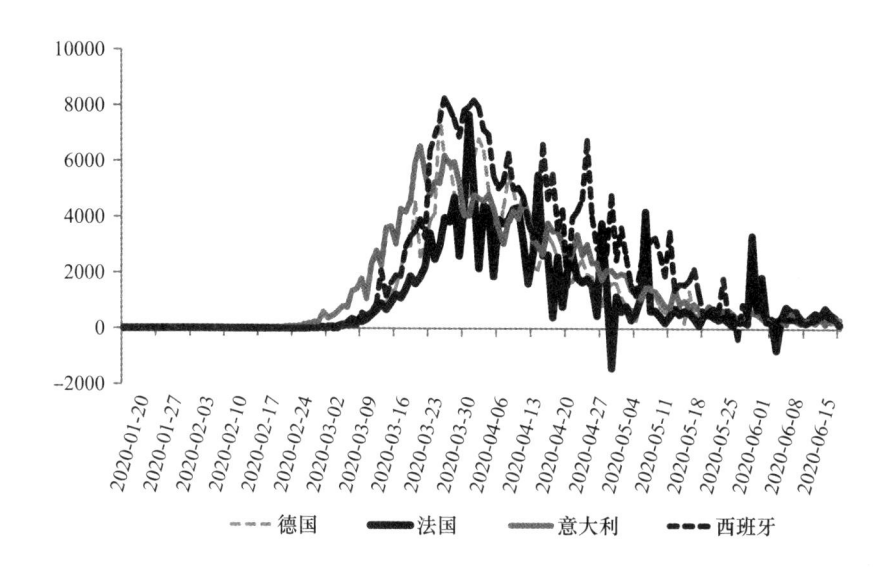

图2-3 欧元区主要经济体当日新增确诊病例走势（例）

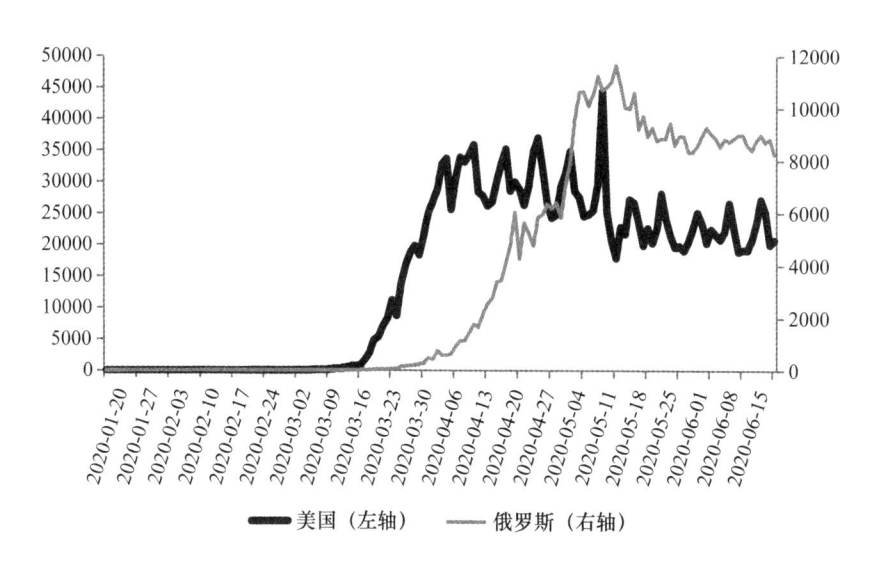

图2-4 美国和俄罗斯当日新增确诊病例走势（例）

第四，巴西、印度等新兴市场经济体和人口大国的疫情形势开始加速恶化，可能导致全球疫情持续期进一步延长。巴西、印度等国家疫情暴发较晚，但自4月起持续加速恶化。截至6月15日，巴西日新增确诊病例在2万—3万例高位波动，累计确诊病例超过89万例，死亡人数达到4.4万人；印度日新增确诊病例持续上升至1万例高位，累计确诊病例近35万例。疫情在巴西、印度的大规模流行，预示着全球疫情持续期可能进一步延长：一方面，巴西、印度等均为人口大国，医疗资源相对不足，疫情发展前景堪忧；另一方面，巴西、印度的地理位置和气候条件表明，病毒传播力不会如预期的因炎热天气而显著下降。

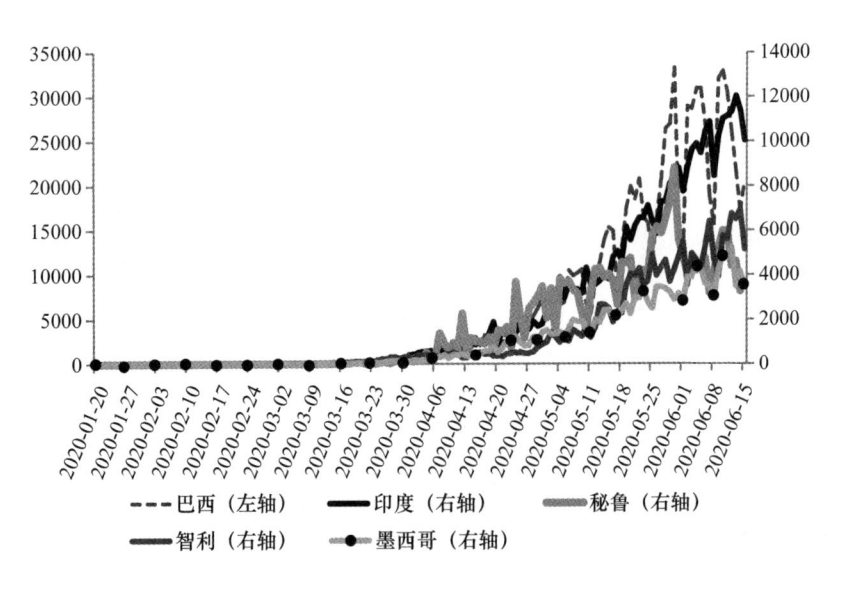

图2-5 巴西、印度等主要经济体当日新增确诊病例走势（例）

第五，局部地区疫情二次暴发的现象已经出现，同时非洲地区疫情开始恶化。5月起，伊朗疫情再度恶化，于6月初出现了第二个高峰，且峰值超过前一轮。同时，5月起，南非、埃及等非洲国家疫情开始恶化，再次说明新冠病毒耐高温。

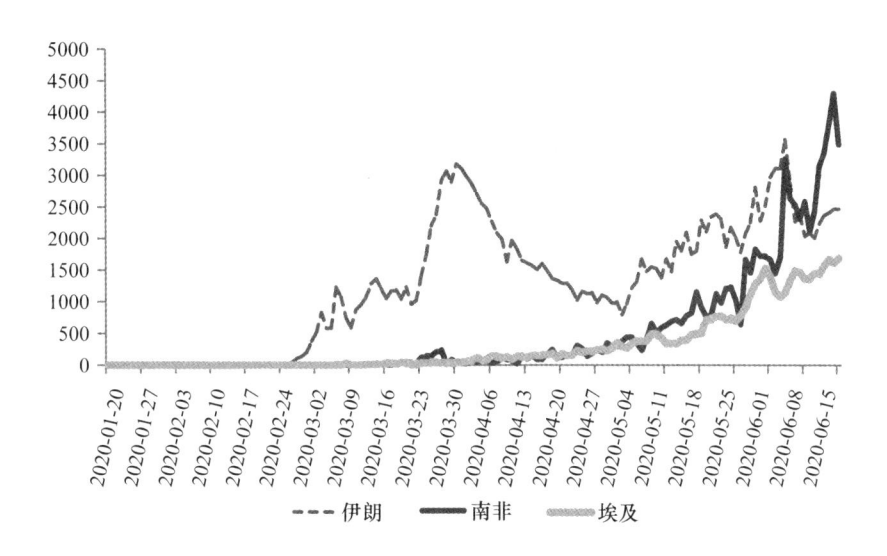

图2-6 伊朗、南非、埃及主要经济体当日新增确诊病例走势（例）

总结以上疫情发展特点，我们对于全球疫情走势的判断是：（1）在疫情"车轮式"蔓延下，全球疫情持续期和严重程度将比预期进一步延长，疫情二次暴发风险也比预期提高，疫情对宏观经济的冲击也将比预期更为严重；（2）下半年疫情的主要风险来自美洲（包括美国和南美洲）、印度以及非洲。部分目前疫情还在持续恶化的国家存在失控的风险，部分已经迎来疫情拐点的国家也可能面临疫情二次暴发的风险，这将影响经济衰退程度以及疫后恢复的节奏。

2020年新冠肺炎疫情给本已脆弱的全球经济和贸易投资带来了巨大冲击，全球经贸体系经历了自第二次世界大战以来最大范围的一次"大停摆"。但受疫情开始时间、持续时间和防控举措严格程度差异的影响，全球主要经济体经济增速先后出现了不同程度的大幅下滑，并伴随失业率的大幅飙升和市场主体绩效的恶化。

从全球疫情发展和经济走势看，2020年世界经济陷入衰退已不可避免，但各国疫情周期和复苏节奏不同。相比百年前的"西班牙流感"，今日的全球化分工程度已不可同日而语，疫情发生的背景也不是第一次世界大战结束、百废待兴的战后经济重建阶段。疫情对短期经济的影响重大且难以掩盖，尤其在目前表面和平、逆全球化暗流涌动的敏感时刻，开展有效的国际合作和政策协调极其困难，指望这场疫情能够很快过去、宏观经济平稳运行是不现实的。根据国际货币基金组织4月的预测，2020年全球经济增速将出现负增长（-3.0%），较2019年增速回落5.9个百分点；全球贸易增速为负增长（-11%），较2019年增速回落11.9个百分点；全球170个国家和地区将出现负增长，特别是发达经济体跌幅达6.1%，陷入深度衰退。为应对疫情冲击，部分国家在有效防控疫情之前过早重启经济，并推出史无前例的大规模刺激计划，提高了疫情二次暴发的风险。

总体来说，疫情对第一季度东亚经济体宏观经济冲击最大，对第二季度欧元区、美国、英国、俄罗斯的冲击最大，对下半年巴西、印度、南非等其他新兴市场经济体的冲击最大。因此在乐观情形下，各国也将基本按照以上顺序，滞后两个季度迎来经济增长的拐点，滞后四个季度恢复正增长。但是对于美国、俄罗斯、巴西、印度等近期疫情形势较为严峻的国家而言，能否有效控制住疫情依然面临巨大的挑战，否则疫情和经济的拐点还将进一步推迟。

◇◇二 中国成功守住底线，全年发展目标可期

突如其来的新冠肺炎疫情，对2020年中国宏观经济运行产生了剧烈冲击，但中国在第一季度有效控制住疫情并成功守住经济增长底线，为全年经济社会的健康发展奠定了有利基础。从1月20日启动疫情防控，至2月19日确诊病例存量由升转降，到3月19日全国本土新增确诊病例"清零"，中国在1个月内迎来疫情发展的拐点，在2个月内取得疫情防控的决定性胜利，将疫情对中国经济的正面冲击"锁定"在第一季度（集中在1月下旬至3月上旬），从而为全年经济增长和社会稳定奠定了坚实基础。在此背景下，中国第一季度GDP负增长6.8%，城镇调查失业率维持在6.0%左右，物价和金融市场稳定，复工复产有序推进，经济社会秩序恢复运行，守住了底线、成之维艰。更重要的是，中国迅速战胜疫情使得企业停工停产不超过3个月，这意味着绝大多数稳健经营的企业能够渡过"寒冬"，而不会出现大规

模破产倒闭,疫情过后能够很快恢复经济生产能力,中长期潜在经济增速得以保持。

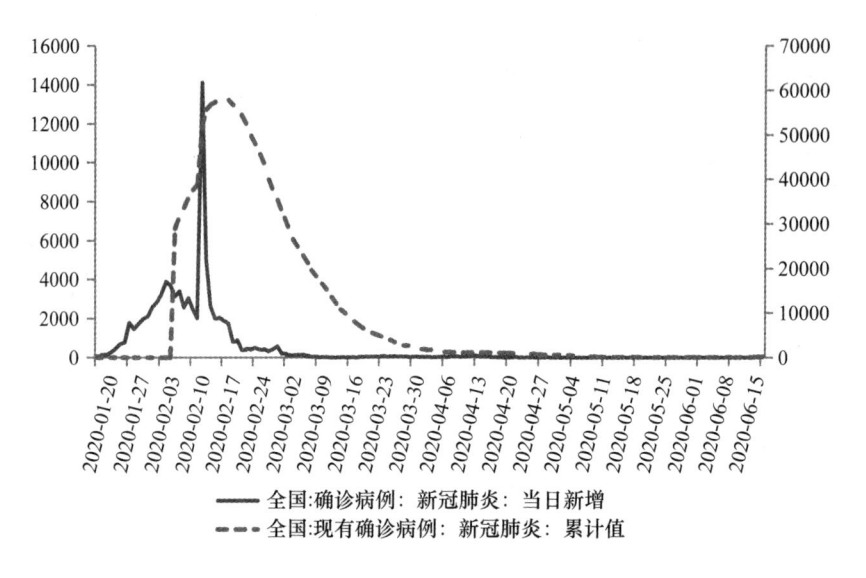

图 2-7 中国疫情防控取得胜利(例)

尽管第一季度中国经济供给和需求两方面均受到严重冲击,导致经济出现较大幅度的负增长,但第二季度进入常态化疫情防控阶段以来,疫情对供给面的冲击得到较快修复,对需求面的影响也明显缓和。在没有疫情二次暴发的前提下,中国经济的修复只是时间问题,第三季度有望恢复至正常增长水平。

(一)供给面受疫情冲击相对较小,生产恢复极快

从供给面来看,虽然疫情对1—2月工业生产形成严重冲击,但是随着疫情防控迅速取得胜利,3月中下旬起复工复产全面推

进，3月工业生产水平迅速反弹至接近上年同期水平，4月基本恢复至正常增长水平。具体来看，1—5月规模以上工业增加值同比增速分别为-4.3%、-25.9%、-1.1%、3.9%、4.4%，呈现强劲的复苏态势。不过，从累计角度来看，要完全填补疫情期间损失仍需一定时间，前5个月规模以上工业增加值同比负增长2.8%，预计未来两个月内有望转正。

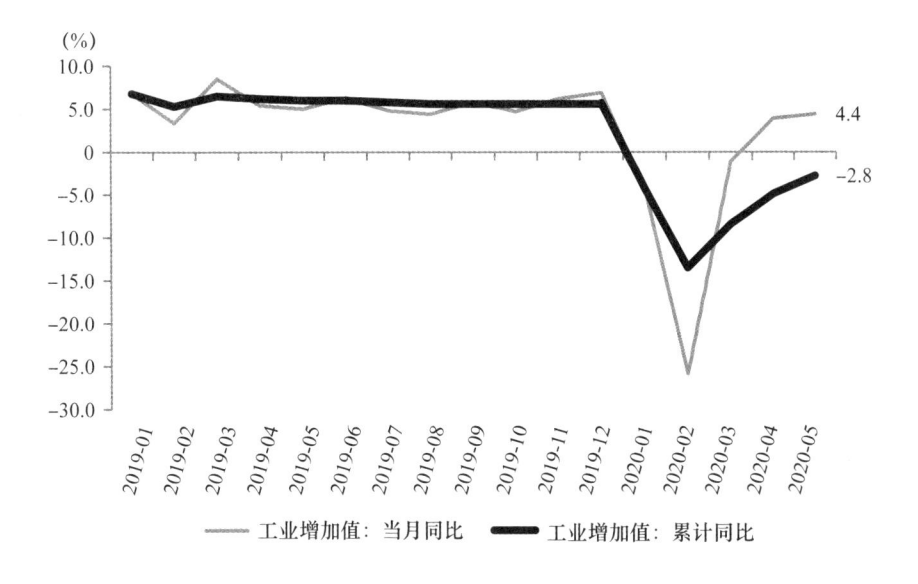

图2-8 中国工业增速快速反弹

从服务业来看，由于聚集性、接触性行业对疫情敏感，住宿和餐饮业、批发和零售业等部分行业受冲击较为严重且恢复速度缓慢，拖累服务业总体恢复节奏。5月，服务业生产指数增速实现由负转正，当月同比小幅增长1.0%；前5个月累计同比负增长7.7%，预计第三季度有望转正。

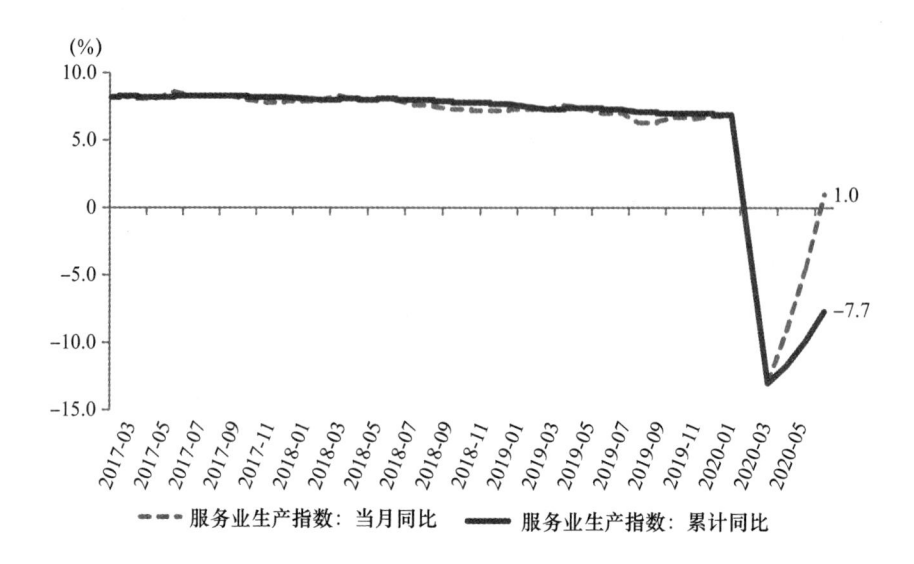

图 2-9 中国服务业生产指数由负转正

3月以来，生产者市场预期持续改善。无论是制造业生产经营活动预期，还是非制造业业务活动预期，3月以来都呈现出强劲回升的态势，稳居50.0%的荣枯临界线以上，5月更是创下历史新高。其中，制造业和非制造业分别达到57.9%和63.9%，较4月回升3.9个和3.8个百分点；在非制造业中，服务业和建筑业分别达到63.2%和67.5%，较4月回升4.0个和2.1个百分点。

(二) 需求面受疫情冲击相对较大、恢复较慢

从需求面来看，疫情冲击下，消费受到严重且持续的影响，服务性消费和社会消费品零售总额均出现严重收缩。第一季度社

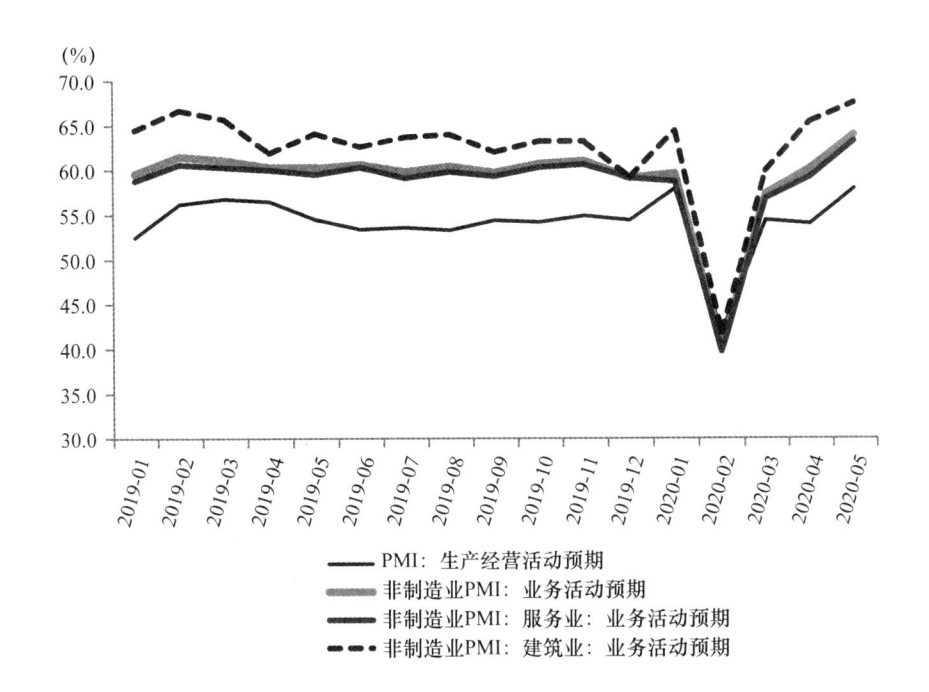

第二章 疫情冲击与修复调整中的中国宏观经济

图 2-10 中国企业经营活动预期持续改善

会消费品零售总额实际同比负增长22.0%（全国居民人均消费支出实际同比负增长12.5%，从统计口径和行业范围来看，更为准确客观地反映居民消费的情况，但频率较低）。进入第二季度以来，消费出现较大幅度的反弹，但同比增速仍未走出负值区间，5月社会消费品零售总额实际同比负增长3.7%，1—5月累计实际同比负增长15.9%。从社会生产和经济循环的角度看，终端消费需求不足，已经成为企业复工达产和扩大再生产投资的最大制约因素。

从投资需求看，疫情冲击下，固定资产投资在1—2月出现

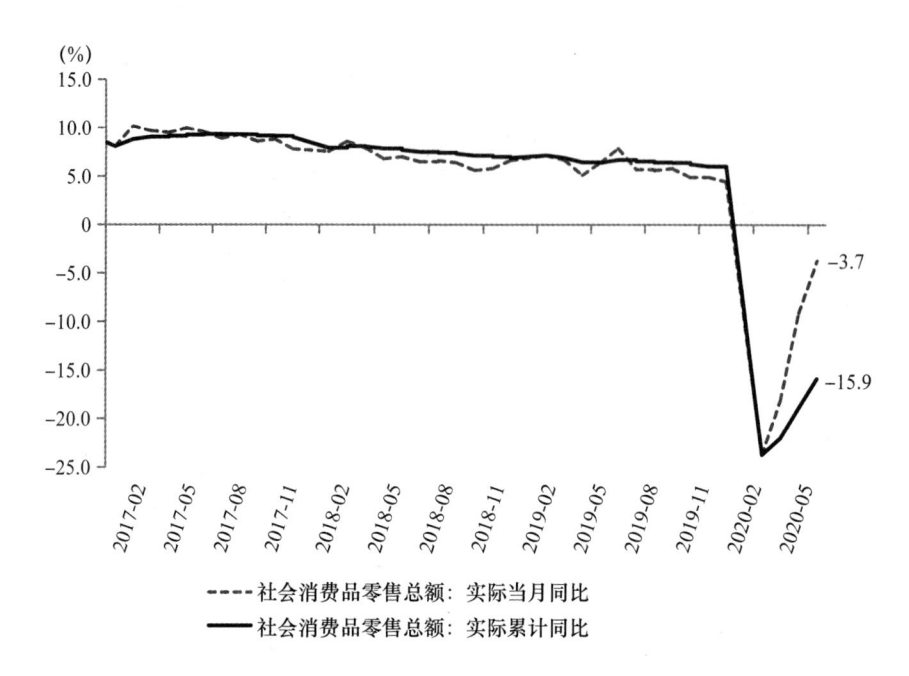

图 2-11 中国消费反弹仍未走出紧缩区间

严重收缩，3月起开始稳步回升，恢复速度慢于生产但快于消费。1—5月，固定资产投资累计同比负增长6.3%，跌幅较第一季度缩小9.8个百分点；其中，房地产投资与上年同期基本持平，累计小幅负增长0.3%，而且3—5月当月同比分别增长1.1%、7.0%、8.1%，对稳定总投资起到了较大支撑作用；同时，基建投资也开始逐渐发力，1—5月累计同比负增长3.3%，跌幅较第一季度大幅缩小13.1个百分点。但值得关注的是，制造业投资受到冲击最大，1—5月累计同比负增长14.8%，多数细分行业累计跌幅仍在20.0%左右，是目前总体投资下滑的主要拖累因素。

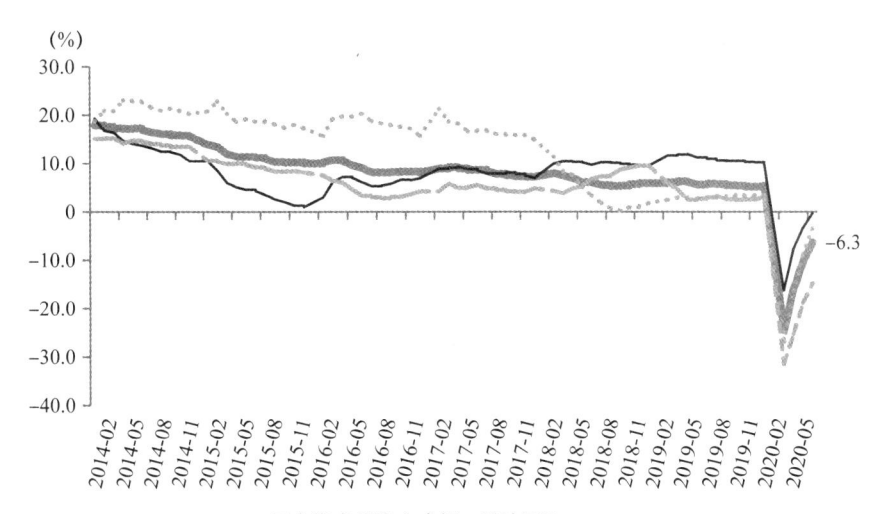

第二章 疫情冲击与修复调整中的中国宏观经济

图 2-12 中国投资增速下行压力仍大

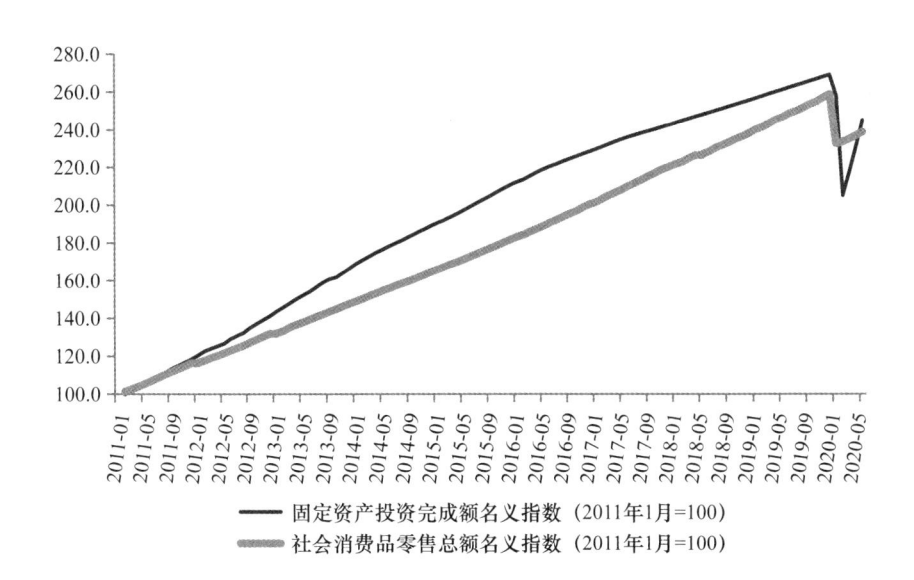

图 2-13 中国消费和投资指数回归路径差异

利用经过"季调"的环比数据，构建消费和投资的定基指数，可以更为清楚地看到疫情冲击对消费和投资水平的影响以及复苏进展。相比之下，疫情对投资的直接冲击较大，但回升速度较快，按照目前复苏趋势，可以较快"收复失地"；疫情对消费的直接冲击相对较小，但回升速度缓慢，预计较晚"收复失地"。

（三）疫情冲击下，外贸经受住了严峻考验，积极信号增多

前5个月，以美元（人民币）计价，中国出口同比下降7.7%（4.7%），较第一季度跌幅收窄5.6（6.7）个百分点；进口同比下降8.2%（5.2%），较第一季度跌幅扩大5.3（4.5

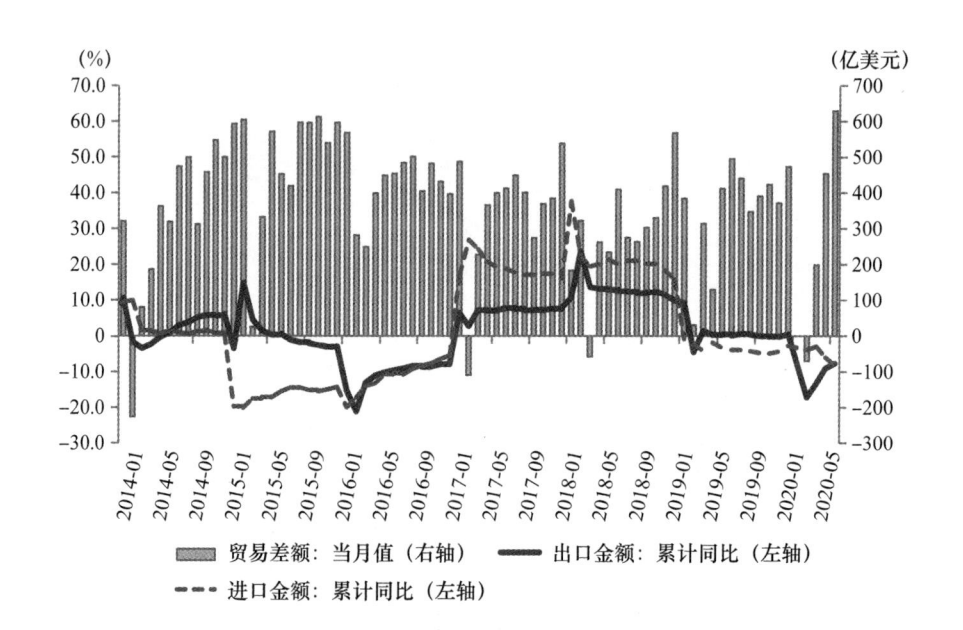

图 2-14 中国对外贸易增速走势

个百分点；贸易顺差 1214 亿美元（8598 亿元），同比下降 4.5%（1.3%）。其中，第二季度出口增长较第一季度显著改善，贸易盈余持续扩大，对当季 GDP 增长的贡献预计由第一季度的负向拖累 1% 转为正向拉动超过 1%。具体来看，以人民币计价，第一季度出口负增长 11.4%，贸易盈余 978 亿元，同比负增长 81%，相比之下，4 月和 5 月出口同比分别为正增长 8.1% 和 1.4%，贸易盈余分别达到 3181 亿元和 4428 亿元，两月合计较上年同期增长 109%。

近期中国出口改善主要由以下三方面因素驱动：一是前期积压的出口订单在企业复工复产后赶工交付，这方面因素随着新订单的减少可能面临短期下行压力，但随着第三季度欧美经济重启"补库存"有望逐步恢复；二是疫情引致的防疫物资、线上办公用品等出口的持续高速增长，这方面因素在全球疫情好转之前预计还将持续一段时期；三是近年来中国贸易多元化以及减税降费和营商环境改善等多项稳外贸举措在疫情冲击下起到了有力的支撑作用，这方面因素全年都将持续。因此，下半年中国出口仍有一定支撑：其一，中国供应链较早恢复运转，占据一定先机；其二，中国四大贸易伙伴中，东盟、日本已经基本从疫情中恢复，欧盟、美国也即将重启经济；其三，民营企业具有弹性和韧性，前 5 个月进出口增长 1.8%（出口微降 0.1%，进口增长 5.4%），贸易比重较上年同期提高 2.9 个百分点。

表2-2 2020年前5个月中国与主要贸易伙伴进出口情况 单位：亿元

	贸易占比	出口（同比变化）	进口（同比变化）	净出口（同比变化）
东盟	14.7%	9366（2.8%）	7599（6.0%）	顺差1768（-9.0%）
日本	7.3%	3961（1.6%）	4503（-1.8%）	逆差541（-21.1%）
欧盟	13.9%	9688（-1.0%）	6373（-9.0%）	顺差3315（19.1%）
美国	11.1%	9644（-11.4%）	3218（-4.5%）	顺差6426（-14.5%）

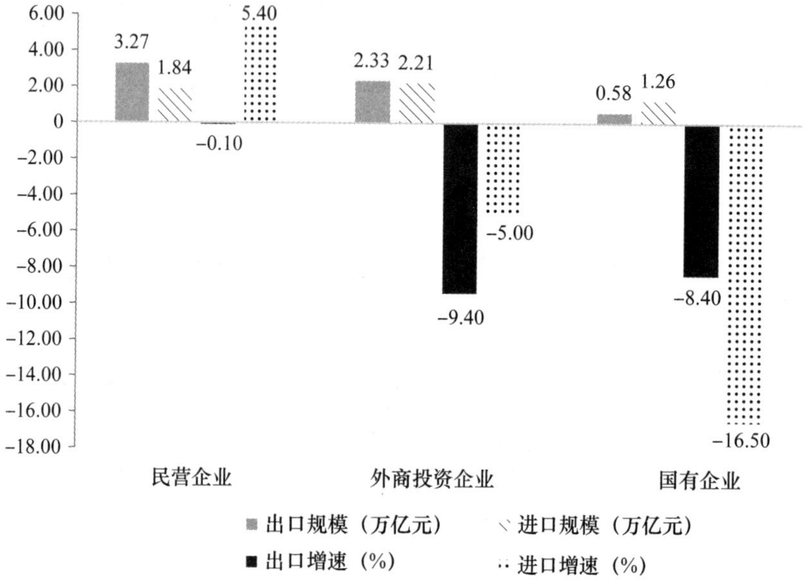

民营企业：出口规模 3.27，进口规模 1.84，出口增速 -0.10，进口增速 5.40
外商投资企业：出口规模 2.33，进口规模 2.21，出口增速 -9.40，进口增速 -5.00
国有企业：出口规模 0.58，进口规模 1.26，出口增速 -8.40，进口增速 -16.50

图2-15 2020年前5个月中国分企业类型的对外贸易情况

此外，外资的变化并没有证实"去中国化"的担忧。尽管受疫情影响，我国外商直接投资出现一定下滑，但近期出现积极信号。1—4月，中国实际使用外商直接投资额413亿美元（2866亿元人民币），同比下降8.4%（6.1%），降幅比第一季度收窄4.4（4.7）个百分点，其中，4月实际使用外资101亿美元（704亿元人民币），同比增长8.6%（11.8%）。疫情冲击之下，需要客观看待全球产业链供应链重构问题。尽管面临中长期挑战，但疫后中国巨大的需求市场、产业链供应链的完整性和稳定性，是其他国家短期内难以替代的。特别是中国有效控制住疫情，并出台一系列稳外资政策，包括加强外资保护、改善营商环境、扩大市场开放，外商投资信心增强，尤其是对中国的高新技术和服务业投资持续扩大。1—4月，高新技术产业实际使用外资同比增长2.7%；其中，信息服务、电子商务服务、专业技术服务同比分别增长46.9%、73.8%和99.6%。此外，"一带一路"沿线国家特别是东盟对华投资增多，1—4月实际投入外资金额同比分别增长7.9%和13.0%。总之，虽然目前海外疫情形势严峻，未来存在高度不确定性，外贸外资面临严峻挑战，但是也不必过于悲观。

（四）供给恢复快于需求推动物价涨幅平稳回落，CPI、非食品CPI和核心CPI持续走低，PPI跌幅再度扩大，内需不足的矛盾较为突出

年初以来，物价运行平稳回落。随着供给能力的恢复，CPI涨幅持续下行，从1月的5.4%持续回落至5月的2.4%。其中，食品CPI高位回落，同比涨幅从2月的21.9%持续下降至4月的10.6%。值得关注的是，与宏观经济周期相对应的价格指数持续下行至低位，5月非食品CPI同比涨幅降至0.4%，逼近通缩边

缘，较1月显著回落1.2个百分点，核心CPI同比涨幅降至1.1%，较1月回落0.4个百分点，反映消费需求不足的矛盾更加突出。

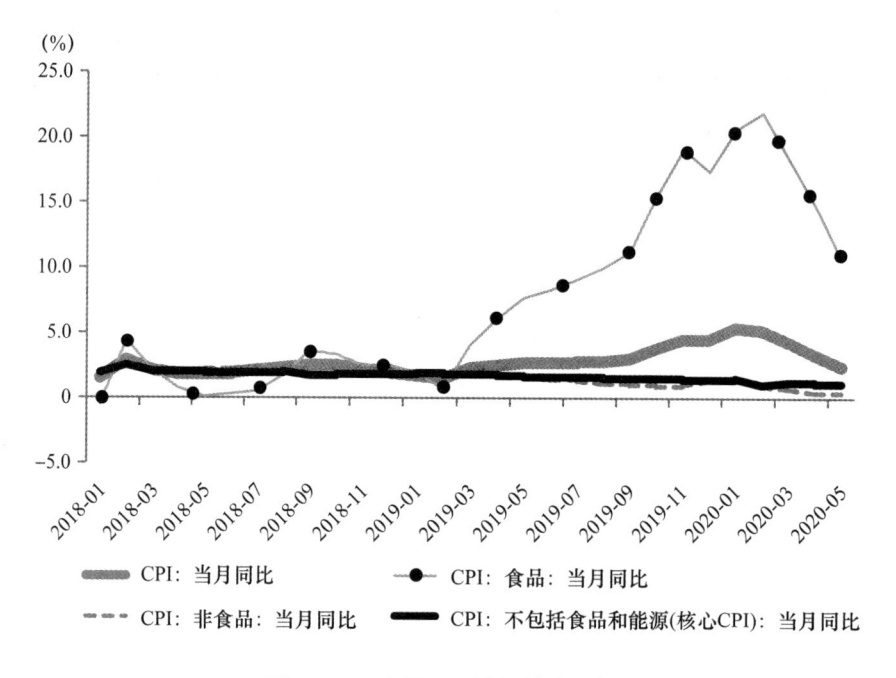

图2-16 中国CPI涨幅持续回落

在CPI下行的同时，工业领域的通缩迹象也进一步显化。继PPI涨幅于2019年由正转负，2020年初以来跌幅呈现扩大趋势。5月，PPI同比负增长3.7%，其中生产资料PPI同比跌幅已扩大至5.1%，连续12个月处于负增长区间，未来可能导致工业经济复苏动力不足，形成紧缩压力。从出现价格下跌行业的数量增长情况来看，已经呈现出与2012年的一轮通缩高度相似的阶段性特征。

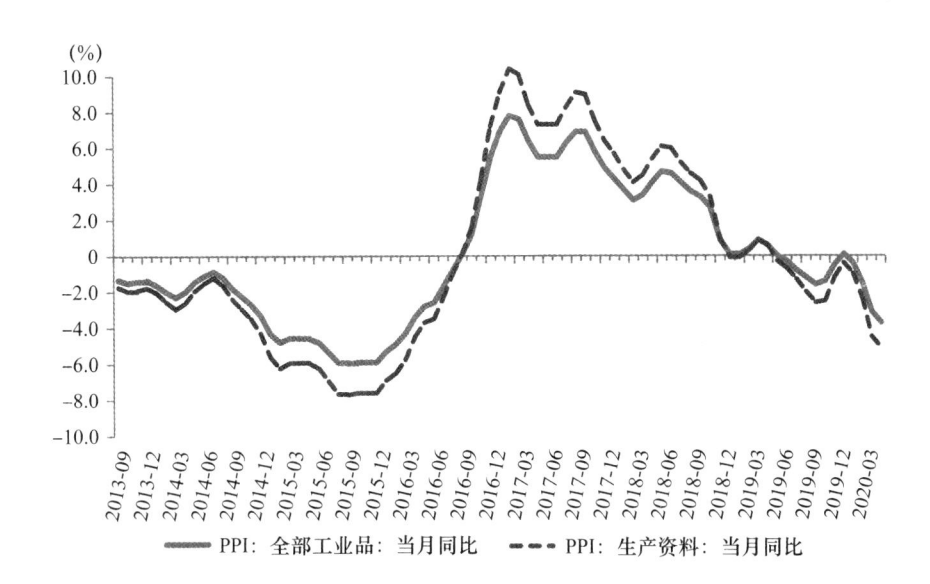

第二章 疫情冲击与修复调整中的中国宏观经济

图 2-17 中国 PPI 指数跌幅持续扩大

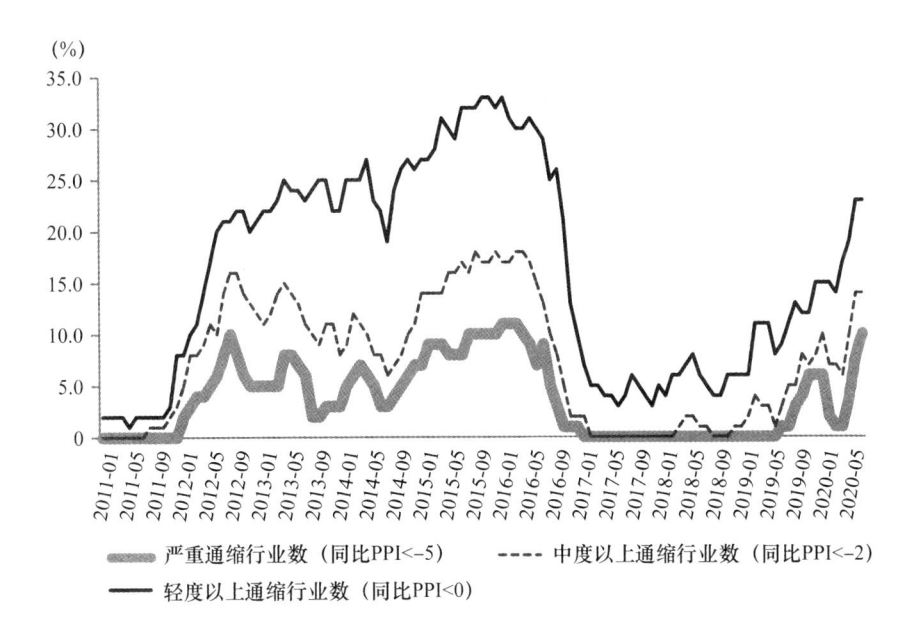

图 2-18 PPI 同比下跌行业数量增多

（五）疫情冲击下，中国各类金融市场和房地产市场保持稳定，避免了资产负债表紧缩效应

得益于前期金融风险攻坚战取得阶段性胜利，疫情暴发至今，中国各类金融市场保持平稳运行，主要资产价格稳中有升，债务风险得到较好缓释，信用违约情况较上年同期减少，房地产市场总体平稳。

1. 疫情期间，相比各国股市的剧烈波动，特别是3月美国股市四次熔断，中国股票市场运行总体平稳

4月以来，美国、欧元区、日本股市在央行资产负债表急剧大幅扩张的政策支撑下企稳回升，而中国股市在没有央行资产负债表扩张的情况下，依靠经济的疫后修复力量开始稳步回升。

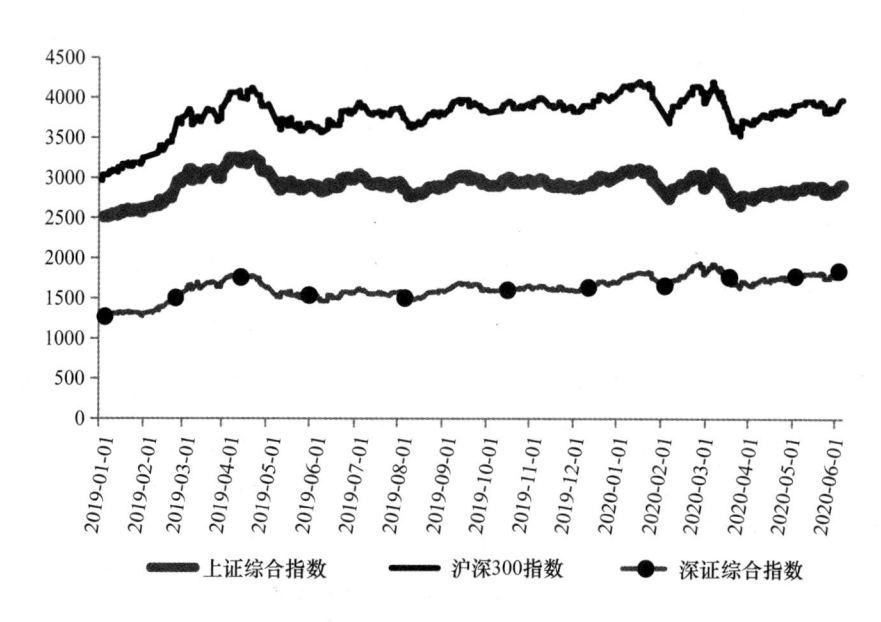

图2-19 疫情期间中国股市保持稳定

2. 疫情期间，在多数新兴市场国家货币大幅贬值的背景下，人民币汇率总体稳定，外汇储备略有回升

2020年人民币兑美元汇率从1月6.9的低点波动上升至5月的7.1，但相比2016—2019年的大起大落，总体表现平稳。同时，5月官方外汇储备为31017亿美元，基本恢复至1月31155亿美元的近期高点，与上年同期的31010亿美元持平，相比过去3年的走势稳定。

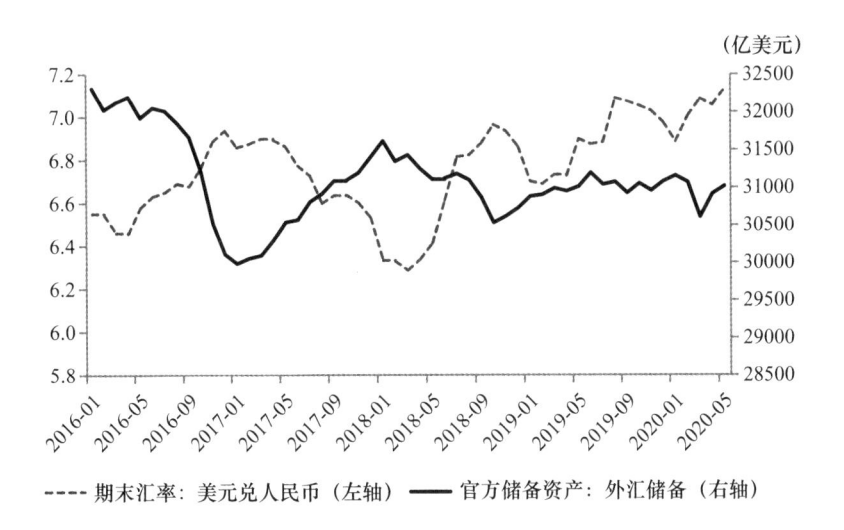

图2-20 人民币汇率和官方外汇储备走势

3. 债券市场蓬勃发展，债务违约风险有效缓释

年初以来，受新冠肺炎疫情影响，发行人正常生产经营受阻，短期流动性压力增大，但是在国家出台多项抗击疫情政策的扶持下，有效缓解了发行人面临的流动性压力，部分发行人通过与持有人协商展期、发行置换债券等方式缓释了债券兑付风险，

使得违约风险整体仍延续释放趋缓态势，截至4月的滚动违约率为0.71%，[①] 较2019年有所下降。事实上，过去几年，在金融市场监管趋严、结构性去杠杆的政策作用下，信用风险已经逐渐得到有效缓释，特别是弱资质企业风险得到释放，继2018年违约率增至0.88%的峰值后，2019年回落0.12个百分点至0.76%。

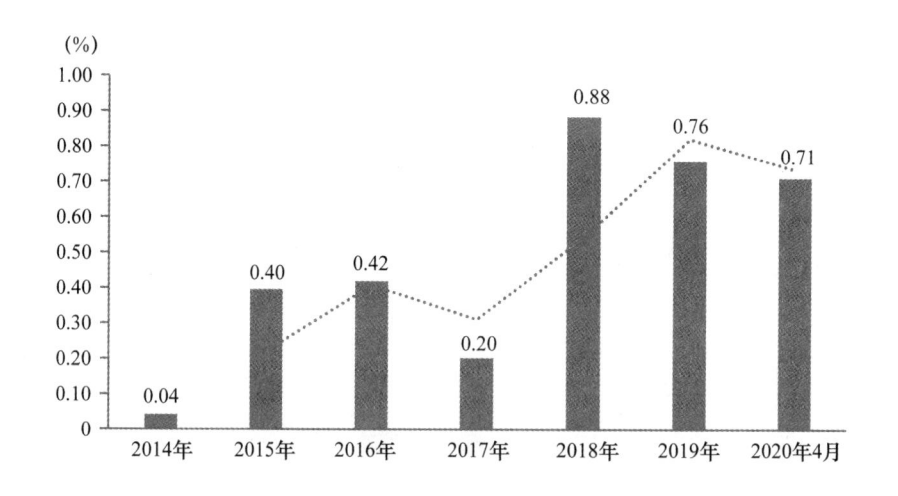

图2-21 2014年至2020年4月公募市场发行人年度违约率

从债券市场情况来看，2020年前4个月，随着监管部门各项融资支持政策逐渐出台以及违约风险缓释方式的多样化，债券市场上发生实质性违约的发行人数量明显减少，信用风险暴露有所放缓。从具体的违约情况看，2020年1—4月共有47只债券

---

① 滚动违约率是以统计时点向前倒推12个月的月初存续的公募债券发行人为样本（不含此前已违约的发行人），统计该样本在这12个月内合计新增的违约发行人数量占比。

发生违约，规模共计 529 亿元，主要由于北大方正破产重整后将近 380 亿元债务提前到期发生违约所致；而在违约发行人方面，前四个月发生违约的发行人共计 19 家，其中新增违约发行人 9 家，较上年同期明显减少。而且 2020 年新增的违约发行人主要为前期业务激进扩张高度依赖于债务融资、但公司治理或管理能力弱的企业，多数发行人在 2019 年之前信用风险就有所凸显。

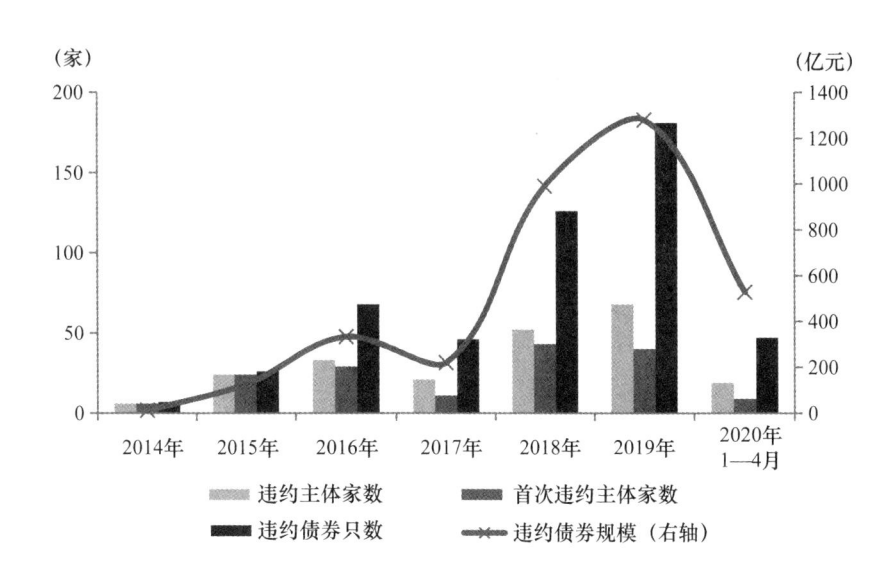

图 2-22　2014 年至 2020 年 4 月债券市场发行人违约情况

4. 疫情冲击下，房地产市场总体平稳

前 5 个月，房价环比和同比涨幅趋缓，但总体均未出现负增长的局面，房地产市场依然较为稳健。4 月、5 月，房价环比涨幅从 2 月、3 月 0、0.1% 的低点回升至 0.4%、0.5%，避免了资产价格下跌的风险。从一线、二线、三线城市的房价走势看，不同

层级城市之间尚未出现明显的分化趋势，同比涨幅呈现较为一致的稳中趋缓态势，5月同比涨幅分别为2.9%、5.4%、4.8%。从商业性房地产贷款余额的同比增长情况来看，稳中趋缓，仍保

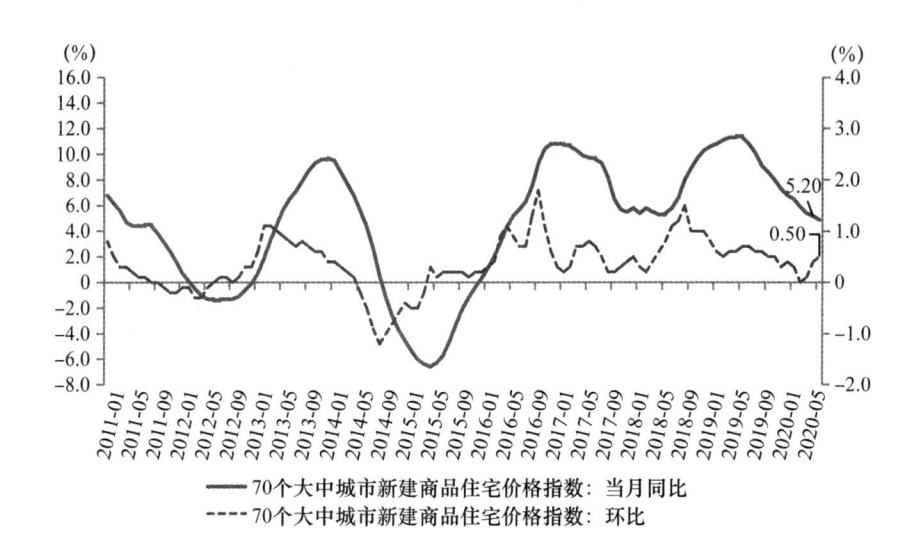

图 2-23 中国房价稳中趋缓

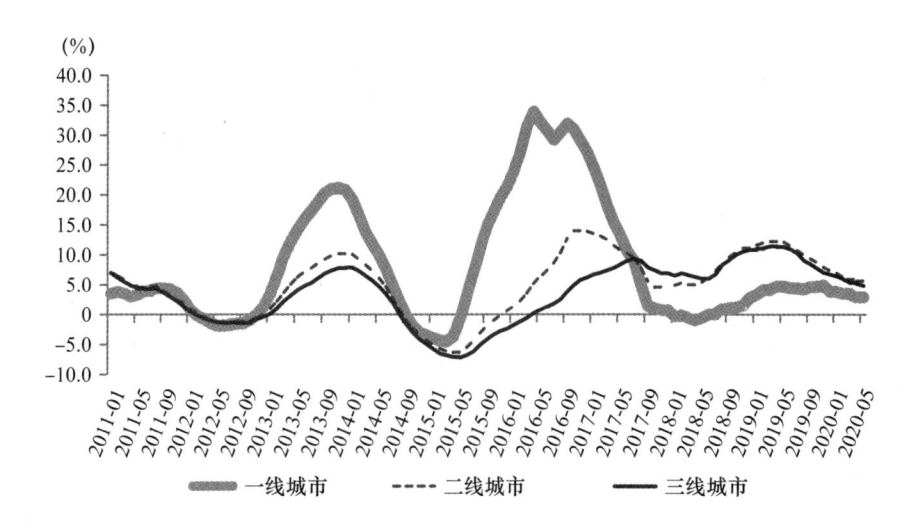

图 2-24 中国70个大中城市新建商品住宅价格指数当月同比情况

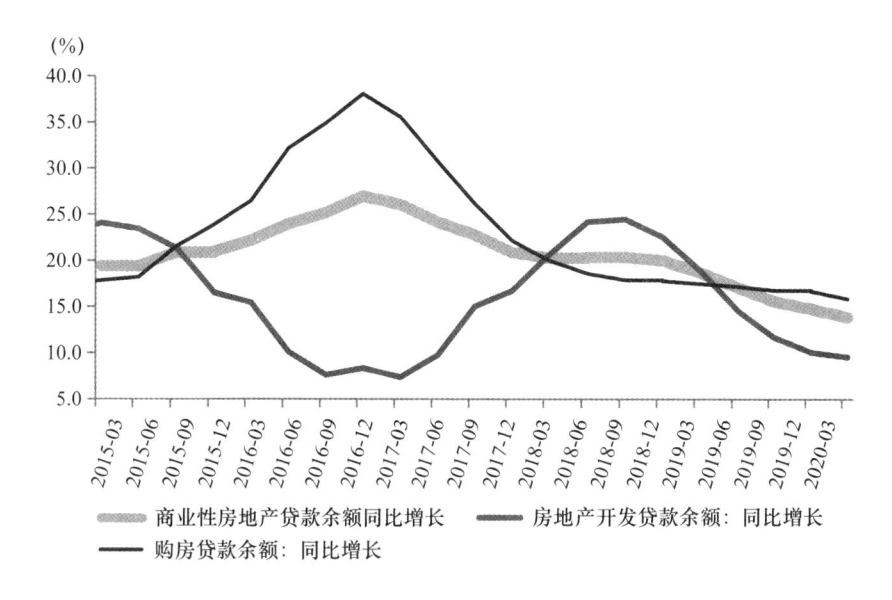

图 2-25　中国房地产贷款同比增长情况

持较高增速，且房地产开发贷款余额、购房贷款余额变化趋势一致，反映供需两方面未受明显冲击，市场短期内保持稳定。2020年第一季度，商业性房地产贷款余额、房地产开发贷款余额、购房贷款余额分别较上年年底增加17900亿元、6700亿元、10000亿元。

第三章　中国经济复苏面临的主要挑战和风险点

2020年上半年，中国成功应对疫情等多种风险挑战，并实现了第一阶段的经济复苏。下半年中国经济在复苏道路上依然面临六大风险挑战。

◇◇ 一　疫情发展存在变数，外部形势严峻复杂
——需要坚持底线思维

截至目前，全球疫情发展的拐点尚未到来，疫苗研发也还存在高度不确定性。部分前期疫情已经得到控制的国家最近已经出现了疫情二次暴发的情况，而部分疫情还在持续恶化的国家存在失控的风险，部分已经迎来疫情拐点的国家也可能面临疫情二次暴发的风险，这都将影响经济衰退程度以及疫后恢复的节奏。下半年海外疫情风险主要来自两个方面：一是印度、巴西等发展中

人口大国疫情失控；二是欧美国家经济恢复过程中因为疫情未彻底控制而出现二次暴发的风险。6月中旬，北京新发地农贸批发市场与韩国位于世宗市的海洋水产部几乎在同一时间出现了两位数的新增确诊病例，再次提示疫情二次暴发的风险依然不容小觑，在疫情防控方面仍需保持底线思维。

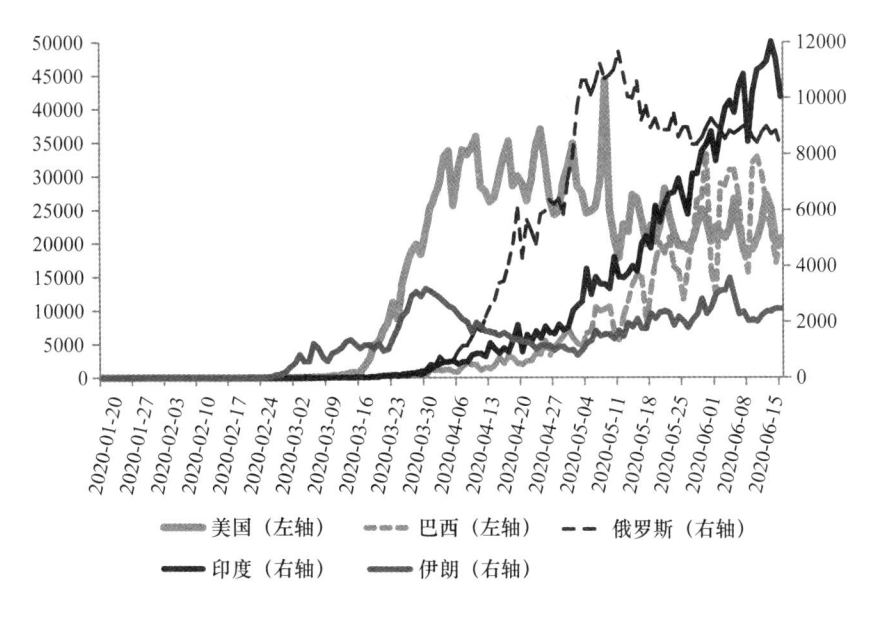

图3-1 全球疫情形势依然严峻（例）

全球疫情持续期的延长和严重程度的加剧，使得疫情对世界经济的冲击比年初的预期更为严重。国际机构纷纷下调了2020年世界经济和贸易增长预期，一致预测2020年世界经济将陷入深度衰退。国际货币基金组织在4月的报告中预测2020年全球经济增速为负增长3.0%，贸易增速为负增长11.0%，分别较

2019年增速回落5.9个和11.9个百分点。世界银行在6月的年中报告中预测，2020年全球经济增速为负增长5.2%，贸易增速为负增长13.4%，分别较2019年增速回落7.6个和14.2个百分点，这比国际货币基金组织在2个月前预测的衰退程度更为严重。这意味着外部环境恶化对于中国生产体系的冲击还没有完全显化，全球经济同步深度下滑、全球贸易的深度收缩、贸易冲突的加剧、全球供应链的重构以及"去中国化"的抬头将使中国经济第三至第四季度面临的外部压力全面上扬，可能超越我们的预期。提前稳住内部经济循环基本盘是应对外部冲击和大国竞争的核心基础。

出口先行指数的持续疲软也表明，前期出口数据的改善主要得益于中国供应链恢复与其他国家供应链崩溃的出口替代效应，并未摆脱困境，而是斗争前短暂的安宁。5月末，制造业和非制造业新出口订单指数分别为35.3%和41.3%，持续深陷严重紧缩区间。在各种战略准备中，提前恢复中国经济运行的基本盘，不断巩固住内部产业链的竞争力和畅通性是我们立于不败之地的关键。因此，在外部贸易、外部投资、外部政治摩擦高峰期没有到来之前，全面扩充内部需求，快速促进市场循环的常态化，是当前窗口期的必然之举。如果在外部超级冲击爆发之后才采取内部对冲政策，必将导致内部基本盘和外部基本盘都无法稳住，必将错失我们目前获得的宝贵窗口期。

总之，全球经济衰退和外需紧缩，意味着下半年中国出口和外向型企业面临的压力依然较大。同时,在全球新冠疫情暴发和蔓延的巨大冲击和西方发达国家民粹主义催生的贸易保护主义激化的双重背景下,中国经济在一定程度上依仗和依赖的全球贸易体系正处于一个根本性的收缩、调整和重构的战略期,导致全球经济可能处于一个较长时期内的大停滞甚至大衰退阶段,从而对中国经济外部环境造成更大的负面挤压效应。

表 3-1　国际机构一致预测 2020 年世界经济将陷入深度衰退

	4月初 IMF 预测			6月初世界银行预测		
	2019年	2020年预测值	下滑幅度	2019年	2020年预测值	下滑幅度
经济增速	2.9	-3.0	5.9	2.4	-5.2	7.6
发达经济体	1.7	-6.1	7.8	1.6	-7.0	8.6
美国	2.3	-5.9	8.2	2.3	-6.1	8.4
欧元区	1.2	-7.5	8.7	1.2	-9.1	10.3
日本	0.7	-5.2	5.9	0.7	-6.1	6.8
新兴市场和发展中经济体	3.7	-1.0	4.7	3.5	-2.5	6.0
中国	6.1	1.2	4.9	6.1	1.0	5.1
印度	4.2	1.9	2.3	4.2	-3.2	7.4
巴西	1.1	-5.3	6.4	1.1	-8.0	9.1
贸易增速	0.9	-11.0	11.9	0.8	-13.4	14.2

◇◇ 二　需求修复慢于供给,供需缺口持续扩大
——需要全面扩大内需

疫情危机的复苏机制与经济金融危机具有本质区别,疫后经

济复苏的节奏不仅取决于疫情持续期间对市场主体的救助政策和供应链产业链的保护政策，更取决于疫后的总需求管理政策能否及时跟进。中国在 1 个月内迎来疫情发展的拐点、2 个月内取得疫情防控的胜利、3 个月恢复生产和供应链运转、4 个月实现工业增速由负转正、5 个月实现服务业增速由负转正，全程保持就业和资产市场基本稳定，不仅说明经济的生产供应能力没有遭到系统性破坏，而且说明供给面已经得到基本修复，以复工复产为先导驱动经济复苏的阶段已经完成，经济复苏表现将在很大程度上依赖于需求面恢复的节奏和力度。然而，在居民收入下滑和信心低迷、企业绩效恶化和不确定性因素增多等多重因素的作用下，居民消费和企业投资复苏的速度越来越慢于供给复苏的速度，供需缺口在经济运行常态化进程中不仅没有缩小反而出现持续扩大的现象，导致中国经济循环常态化的瓶颈性约束从产业链供应链等供给侧因素转向市场需求不足、订单缺乏等需求侧因素。

现阶段经济复苏的全景分析表明，不仅需求侧总体复苏持续滞后于供给侧，导致供需缺口持续扩大，而且在需求侧内部，消费复苏持续滞后于具有生产扩张性质的投资复苏，在供给侧内部，服务业由于生产与消费的同时性属性也持续滞后于工业复苏。核心 CPI 的回落、PPI 跌幅的扩大、工业环比复苏的放缓、民间制造业投资复苏的迟滞，进一步说明行政性复工复产已经面临瓶颈，总需求不足的矛盾开始制约经济复苏进程。从综合领先指标来看，中国经济的反弹幅度可能正在急剧放缓，5 月仅为

第三章 中国经济复苏面临的主要挑战和风险点 **43**

97.27%，不仅仍未恢复至100.00%的水平，而且仅较4月回升了0.04个百分点，反弹幅度大幅衰减。因此，下阶段经济工作的重点应该从行政性复工复产转向有效需求快速扩展，实现向市场型深度复苏的顺利转换。

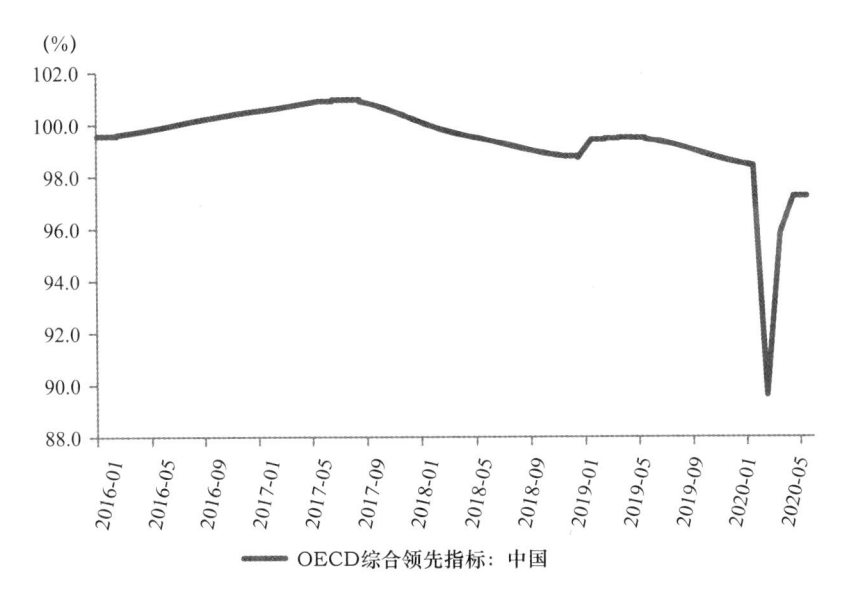

图 3-2 中国领先指标走势放缓

团队进行的企业调查数据进一步印证了以上判断。利用中国邮政储蓄银行小微企业运行调查系统，对5月中旬小微企业运行现状进行调查显示：[1]

---

[1] 本次调查具有样本量较大、全国代表性强的特点。同时，考虑到疫情已得到进一步控制，此次在5月12日至14日进行的调查也能够体现抗疫逐步接近尾声后各企业的开工和运营状况。本次调查共计得到2400个小微企业样本。与全部小微企业行业分布大致相似，批发零售业和制造业样本占比最大（分别为32.73%和24.51%）。

(1) 绝大多数企业已经开工,但产能利用率仍相较往年明显不足。随着疫情得到控制,各行各业基本已经开工。小微企业开工率整体已达到96.9%,其中个体工商户为95.4%,远高于3月调查时的81.3%和工信部公布4月的86.0%,2月调查时更是近30.0%小微企业没有开工计划。行业中,制造业、批发零售业、交通运输业、农林牧渔业、建筑业开工率均超过95.0%。较低的住宿餐饮业及其他服务业开工率也已超过90.0%,其中住宿餐饮业开工率最低,为91.3%。

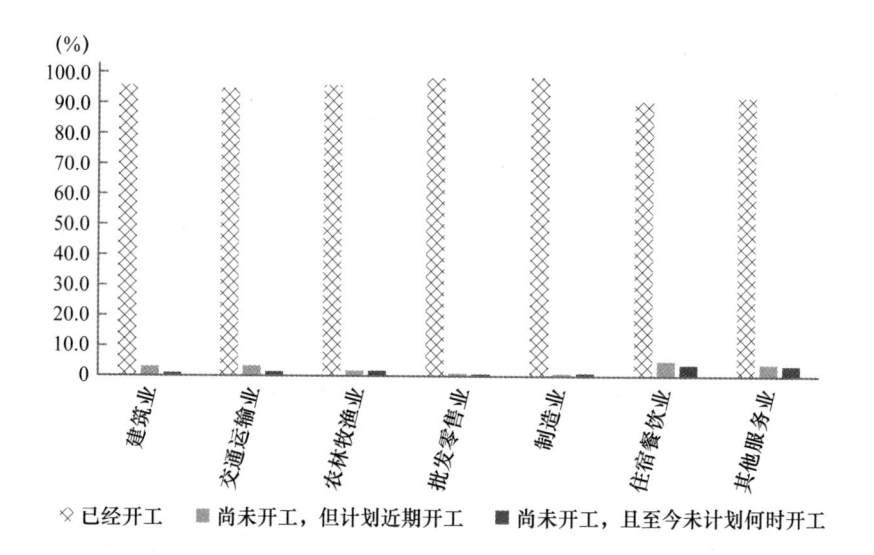

图3-3 2020年5月企业开工情况

尽管开工企业比例较大,但已开工企业的产能利用率相比于往年仍然较低,仅有52%企业产能利用率超过90%,且行业之间存在较大的差异。制造业产能利用率相对较高,有近七成

(68.09%)企业达到了往年同期的90%,超二成的企业达到了往年的30%—60%(20.31%)。批发零售业、交通运输业、农林牧渔业恢复情况也相对较好,有五成企业的产能利用率达到往年同期90%。产能利用率最低的仍然是住宿餐饮业,超过上年同期90%的企业占比只有18.75%。

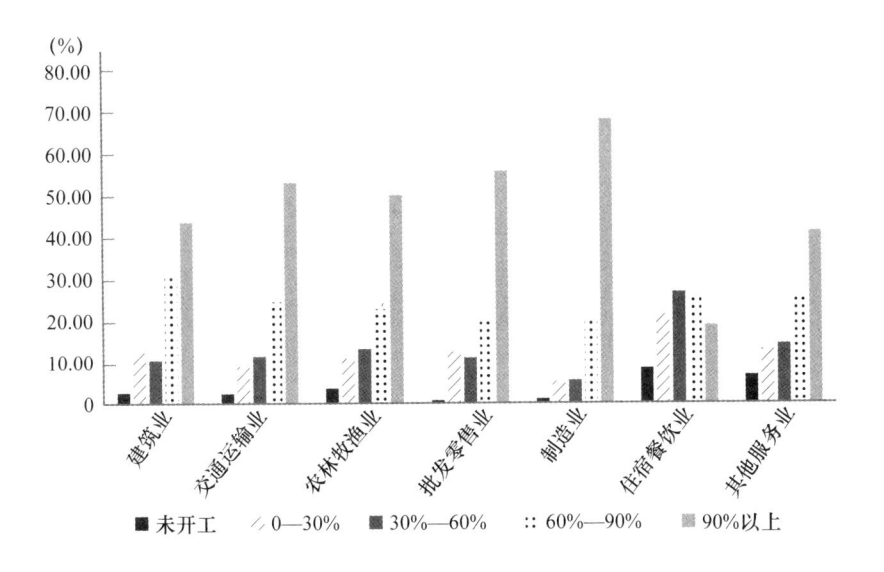

图3-4 企业与上年可比时期相比的产能利用率

(2)市场需求不足及同行竞争是企业经营面临的主要压力来源。受疫情影响,各行业可能出现问题来源各不相同,但市场需求及同行竞争压力成为各行业担忧的最主要因素。本次疫情对于企业全年预期收入影响最大可能发生在"下降10%—20%"这一区间,各行业稍有区别。其中农林牧渔业和制造业的下降程度较轻,有近三成企业认为全年收入基本不变或有所提高;其他服务业和住宿餐饮业预期下降程度更严重，22.92%的住宿餐饮业企业认为全年收入将下降10%—20%，37.08%认为全年收入将下降20%—50%；22.57%的服务业企业认为全年收入将下降10%—20%，25.22%认为全年收入将下降20%—50%。除这两个行业之外，其余行业企业超五成认为全年收入下降幅度在0—20%，两成左右企业预期全年收入下降20%—50%。其次是运营成本大和现金流紧张。此外，住宿餐饮业、其他服务业和交通运输业的还贷款压力问题更为突出。下游订单数量的减少也是各行业业绩变动的主要原因。全国超过一半企业下游需求下降。服务业下游订单减少情况最为严重，有近八成（79.58%）的企业认为订单有所减少，其中有28.75%的企业认为订单减少较多；

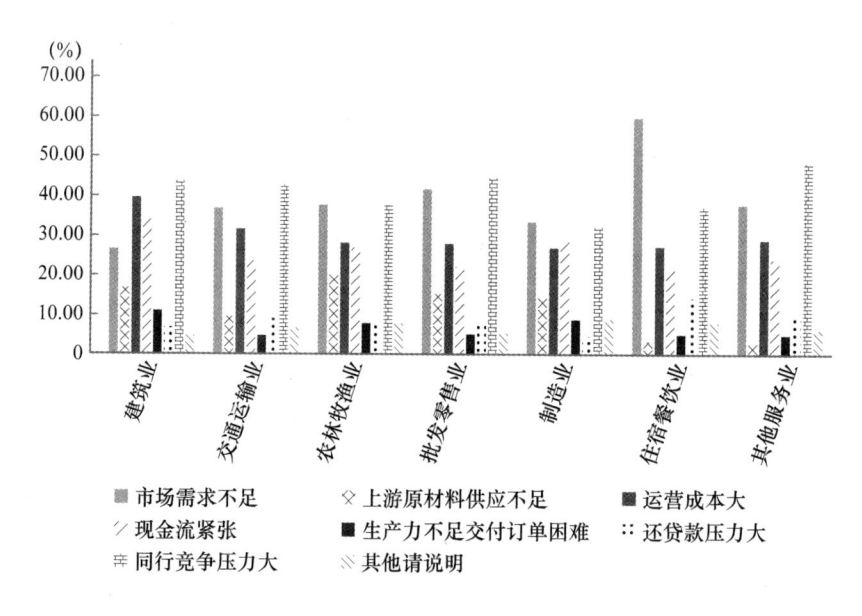

图3-5　现在及未来一段时间企业复工或运营面临的最大压力

其他行业内部也有约五成的企业的下游订单有所减少；农林牧渔业的情况相较而言稍好，但仍有超四成（42.26%）的企业出现下游订单减少。事实上，在市场需求和营业收入持续下滑的背景下，企业复工而难复产、就业而不充分，也导致运营成本提高，出现绩效双重恶化。

三 内部结构分化严重，短板效应可能显化
——需要落实"六保"任务

值得高度关注的是，疫情影响的异质性导致经济结构分化严重，短板效应显化从而开始触及底线。不同于经济系统内的危机，外生疫情冲击下不同行业、不同群体、不同地区受影响的严重程度和脆弱性存在显著差异，尤其是疫情对特定经济活动和脆弱群体的冲击更为剧烈和持久，导致在总体经济回落过程中的结构分化现象严重，中低收入群体和中小企业绩效极度恶化，失业风险触及底线。

（一）疫情冲击下，中国经济各主要行业受到不同程度的影响，部分行业出现较大幅度负增长

第一季度，一、二、三产增加值同比分别负增长3.2%、9.6%、5.2%。其中，部分行业受疫情冲击较为严重：工业、建

筑业分别负增长8.5%、17.5%，住宿和餐饮业，批发和零售业，交通运输、仓储和邮政业，租赁和商务服务业分别负增长35.3%、17.8%、14.0%、9.4%。相比之下，金融业，信息传输、软件和信息技术服务业，受疫情冲击程度较小，第一季度仍然保持较快正增长，同比增速分别为6.0%、13.2%。

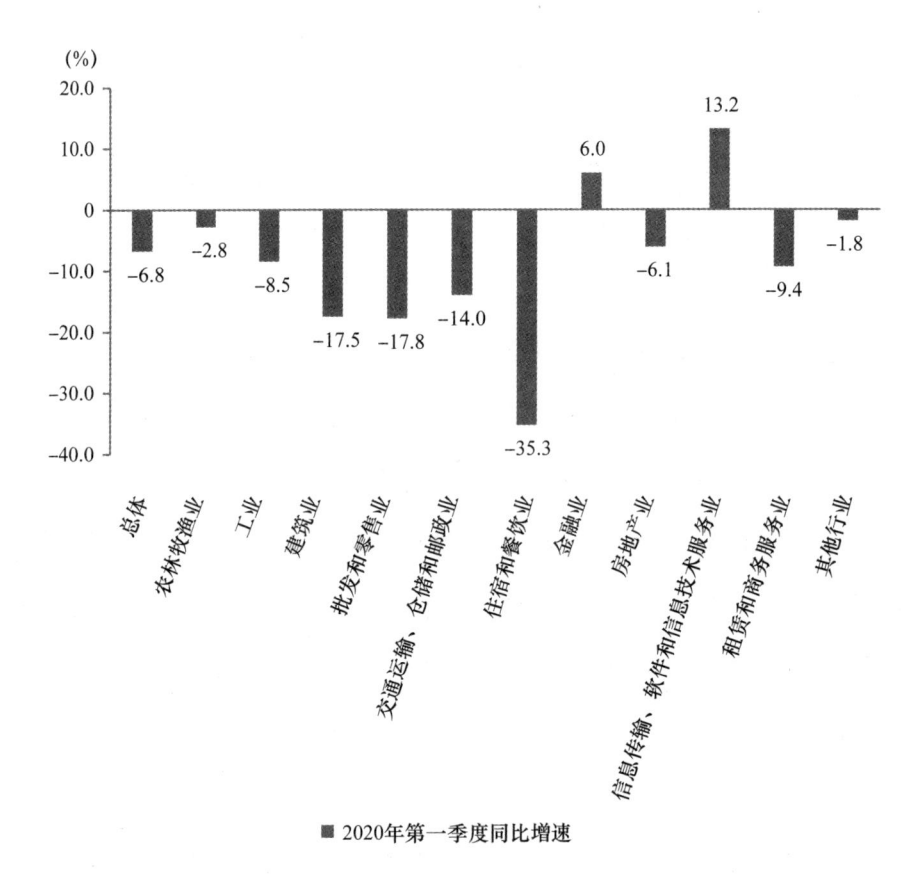

图3-6 疫情冲击下2020年第一季度各主要行业增加值实际增速

从疫后恢复的角度看，进入常态化疫情防控阶段以来，不同产业的恢复节奏也有差别,相比第二产业的强劲反弹,第三产业总体较为低迷、短板凸显。第二产业用电量累计同比跌幅从2月的12.0%缩小至4月的6.1%,连续两个月较大幅度回升,当月同比增速已经由负转正;相比之下,第三产业用电量同比跌幅则从2月的3.1%扩大至4月的8.1%,连续两个月跌幅扩大。究其原因,服务业既具有生产的劳动密集型特征,还具有消费的接触密集型特征,叠加居民压缩非必要消费需求,恢复速度较慢。特别是住宿和餐饮业,批发和零售业等行业,在第一季度消费旺季承担了更大的损失,在第二季度又迟迟难以达产,可能诱发局部性的经营风险和失业风险。

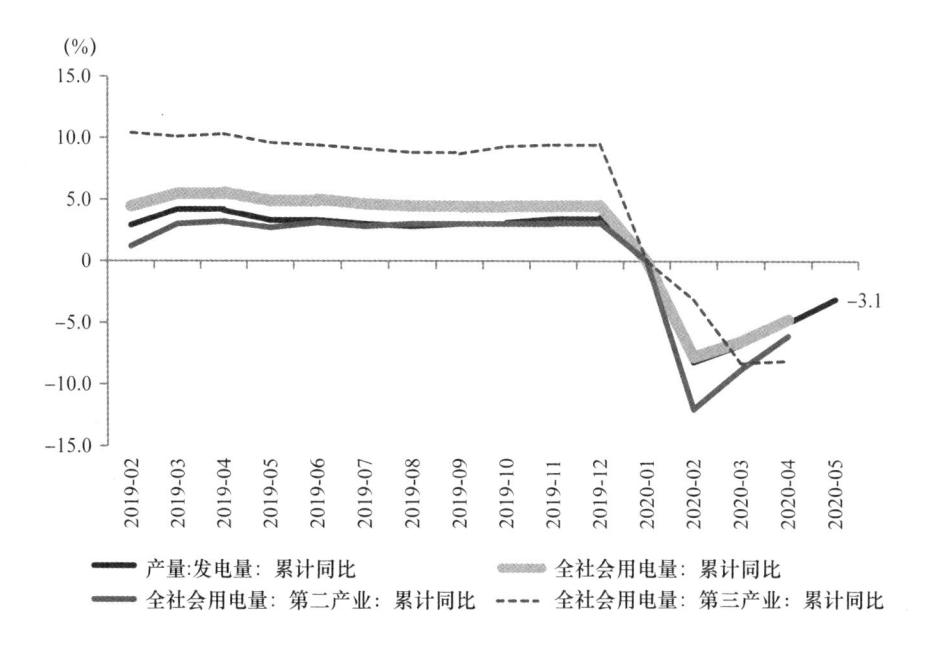

图3-7 社会用电量同比增速

（二）疫情冲击下，不同群体就业和收入受到不同程度的影响，中低收入群体和农民工所在行业和企业类型受疫情冲击较大，失业风险显著加大，居民收入分配差距也可能会进一步扩大

吸纳就业的主力在第一季度受疫情冲击最为严重，且受疫情影响的持续期较长，使得失业率与总体经济增长的稳定关系受到破坏，失业风险远大于GDP跌幅所揭示的水平。（1）私营企业和个体户吸纳了中国4亿人就业，但承受疫情冲击的脆弱性最高；（2）从私营企业和个体户就业的行业分布特征看，主要集中在疫情冲击的敏感行业，行业增加值在第一季度的跌幅显著高于经济总体跌幅，进一步加大了失业风险，且难以实现向目前正增长的行业转移。在第三产业中，批发和零售业、住宿和餐饮业、租赁和商务服务业2019年所吸纳的就业规模分别约为15700万人、3190万人、3291万人，而这三大行业在第一季度的增加值跌幅分别达到17.8%、35.3%、9.4%，显著高于第三产业5.2%的总体跌幅。尽管第一季度金融业，信息传输、软件和信息技术服务业，保持了较快正增长，但失业人员显然难以向这些行业转移。在第二产业中，制造业、建筑业所吸纳的就业规模分别为6256万人、1912万人，而这些行业在第一季度的增加值跌幅分别达到10.2%、17.5%，也高于9.6%的工业总体跌幅。特别是外向型劳动密集型制造业，如服装、家具、鞋靴、玩具、箱包等，前5个月出口累计同比跌幅均在两位数以上。

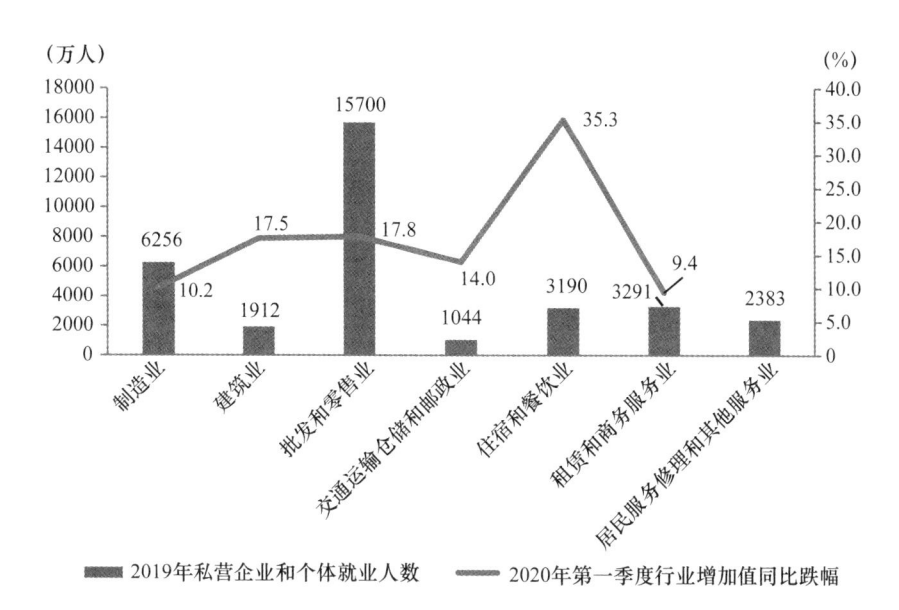

第三章 中国经济复苏面临的主要挑战和风险点 | **51**

图 3-8 私营企业和个体工商户就业的行业分布和行业增加值增长情况

以上情况在农民工的就业分布中也有类似表现，使得相比城镇户籍人口，农民工群体就业和收入受疫情冲击的影响更大。第一季度农村外出务工人数同比负增长30.6%，外出农民工月均收入同比负增长7.9%，两方面因素合计，第一季度农民工群体可支配收入下降约四成。考虑到2019年2.91亿农民工总量和其中1.74亿外出农民工，农民工群体的就业和收入下滑压力巨大，可能产生中长期影响。

因此，总体来看，在居民收入下滑的同时，社会失业风险显著加大，对未来就业质量和居民收入预期也产生不利影响。2020年前5个月，城镇新增就业较上年同期下降23%；城镇调查失业率于2月和4月两次突破6.0%，分别达到6.2%和6.0%，5

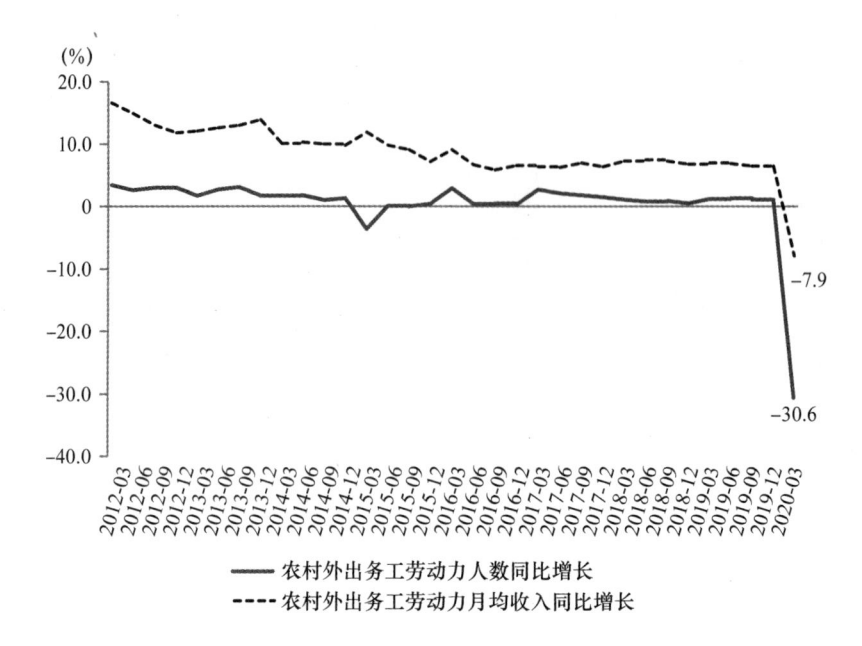

图 3-9 中国外出农民工人数和月均收入双下滑

月为5.9%，较上年同期提高0.9个百分点。更重要的是，随着疫后农民工返城和高校毕业生就业高峰来临，未来失业风险还可能进一步显化。例如，2020年年初以来，与全国城镇调查失业率"急升后稳"的走势不同，31个大城市城镇调查失业率稳步上升，从1月的5.2%持续提高至5月的5.9%，说明随着经济持续低迷，大城市的就业韧性也开始受到挑战。5月，全国20—24岁大专及以上人员调查失业率分别比上月和上年同期上升1.7个、3.3个百分点，显示大学生等重点群体就业压力较大。考虑到2020年高校毕业生规模达到874万人的历史新高，随着高校毕业生集中进入劳动力市场，失业率可能会继续上升。同时，目前就业不充分现象也比较明显。5月，1.2%的就业人员处于在

第三章　中国经济复苏面临的主要挑战和风险点 | **53**

职而未就业状态，高于正常水平。事实上，我们的草根调研表明，酒店餐饮、批发零售等行业的就业不充分现象要远高于以上数字，存在大量的隐形失业问题。

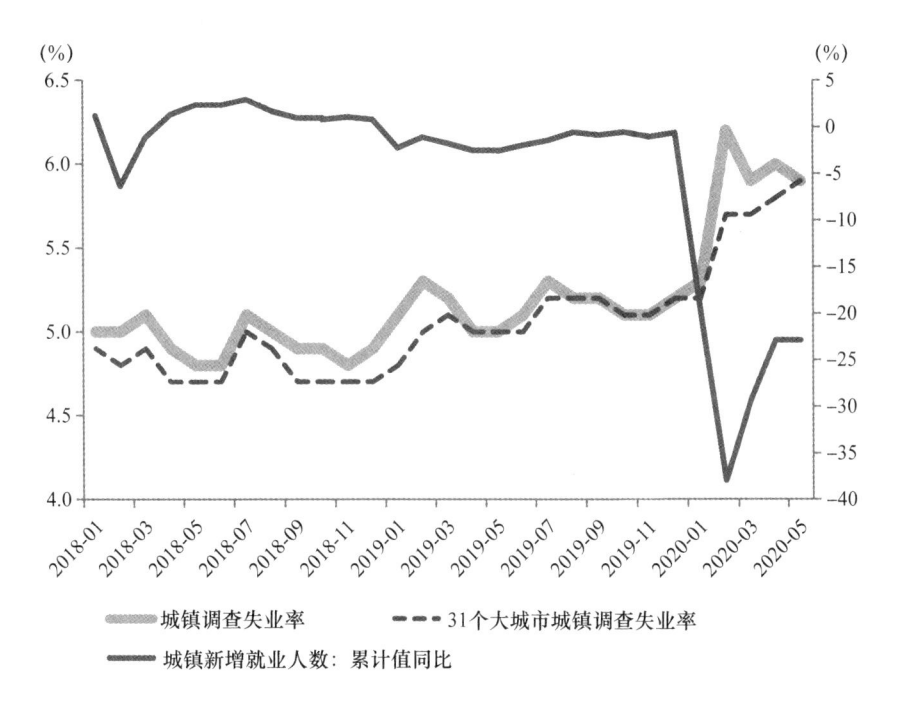

图 3-10　中国就业压力显著加大

值得高度关注的是，在城镇调查失业率的统计数据之外，农民工就业问题已经成为尚未得到足够关注的超级问题！4 月以来，农民工返城情况较 3 月有一定好转，但总体水平较往年仍然显著较低，更严重的是，4 月中旬以来，开始出现返城农民工的二次返乡潮，占比从 4 月 6 日的 3% 左右持续上升至 5 月 22 日的超过 7%，返乡规模已经超过 1000 万人。这难以反映在现有城镇调查失业率数据中,但却隐含着巨大的民生和社会风险。而且,返乡农民工集中在几个重点劳务输出省份,无疑会进一步加大当地就业和社会压力,值得高度重视。

(三)疫情冲击下,不同地区由于经济结构差异受到不同程度的影响,部分地区短期下行压力较大

一是以湖北地区为核心的中部地区,包括河南、安徽,经济下行压力加大,第一季度GDP跌幅位居前列;二是部分东部沿海地区受出口需求下滑影响,第一季度GDP增速出现较大下滑;三是环渤海地区,包括北京、天津、河北、辽宁、山东,近年来本身具有经济下滑压力,叠加疫情冲击出现较大幅度下滑。相比之下,西部地区受疫情冲击较小,第一季度经济跌幅普遍低于全国平均水平。

疫情冲击下,地方政府财政收支矛盾加剧,财政平衡率普遍下滑,特别是中部地区财政收支矛盾恶化,需关注基层运转风险。第一季度,全国各地区的财政收支均出现缺口,近八成地区财政平衡率(地方一般公共预算收入/地方一般公共预算支出)下滑。其中,东部地区财政平衡能力较强,财政平衡率均高于50%;中部地区受财政收入大幅下滑影响,收支矛盾加剧,平衡率均低于50%,其中,处于疫情"震中"的湖北虽得到较多中央财政补助,但缺口增幅仍高居全国首位,平衡率处于中部地区最低水平34.9%,河南、湖南等与湖北相邻的中部省份收支缺

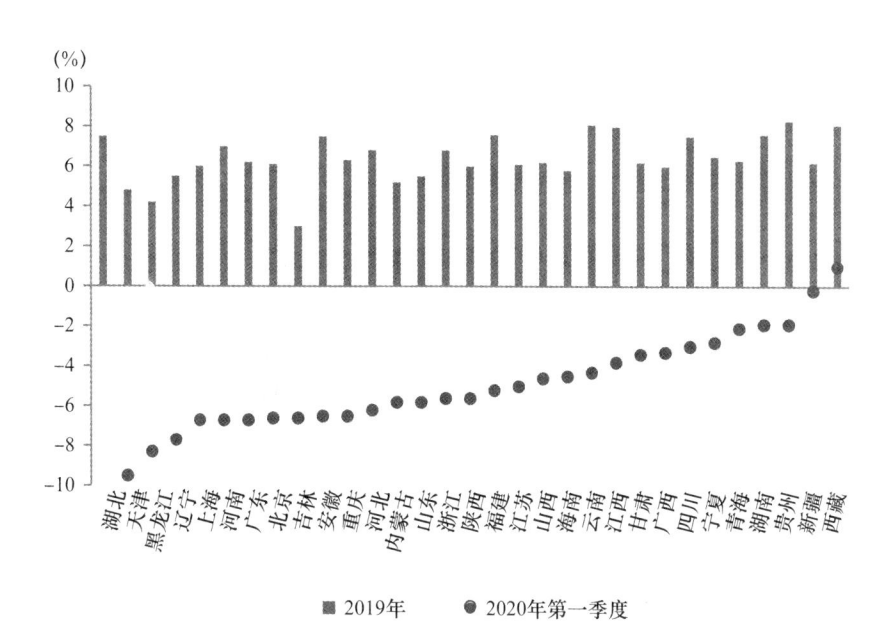

图 3-11　疫情冲击下 2020 年第一季度各地区实际 GDP 增速出现不同程度的下滑

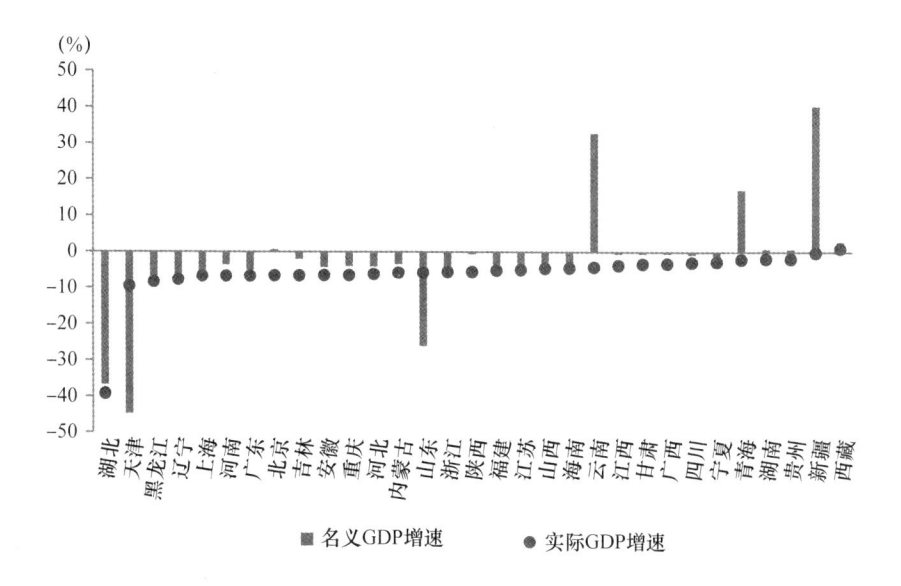

图 3-12　疫情冲击下 2020 年第一季度各地区 GDP 增速出现不同程度的下滑

口同样位于全国前列，财政平衡率不足40%；西部地区及部分东北地区如云南、宁夏、黑龙江、甘肃、青海、西藏财政平衡率不超过30%，源于财政实力较弱。

四 市场主体心理变化，行为模式趋于保守
——需要一剂"强心针"

值得高度关注的是，疫情冲击下，各类市场主体的行为模式可能发生剧烈调整、趋于保守。居民收入和就业预期恶化对消费需求的压制、企业盈利预期下滑和高度不确定性对投资需求的压制、海外疫情的加速蔓延对出口需求的压制，不仅使得总需求不足的矛盾在第二季度充分显现，而且使得居民消费行为、企业投资行为、外向型企业转型升级行为趋于过度"保守化"，制约经济复苏节奏和高质量发展。事实上，基于疫情暴发前中国经济及全球经贸持续下行趋势，部分悲观预期已经形成，疫情进一步加剧了这种倾向。

市场主体行为模式的保守化倾向集中表现在，2020年上半年企业和居民存款的逆势大幅增长：（1）对企业而言，上半年往往是企业扩大各项支出的时期，相应地，企业存款减少或微增，但2020年上半年企业存款却大幅增加。过去三年（2017—2019年），企业前4个月的新增人民币存款分别为2041亿元、

−7627亿元、1036亿元，但2020年企业新增存款却高达29406亿元。考虑到企业营业收入较往年大幅下降，企业存款的增加反映了企业支出更大幅度的缩减。(2) 对居民而言，同样在收入减少的情况下，储蓄存款却进一步增加，反映了居民更大幅度的缩减消费支出，而且这一趋势在疫情暴发之前就已经开始，疫情使得这一对比更加明显。

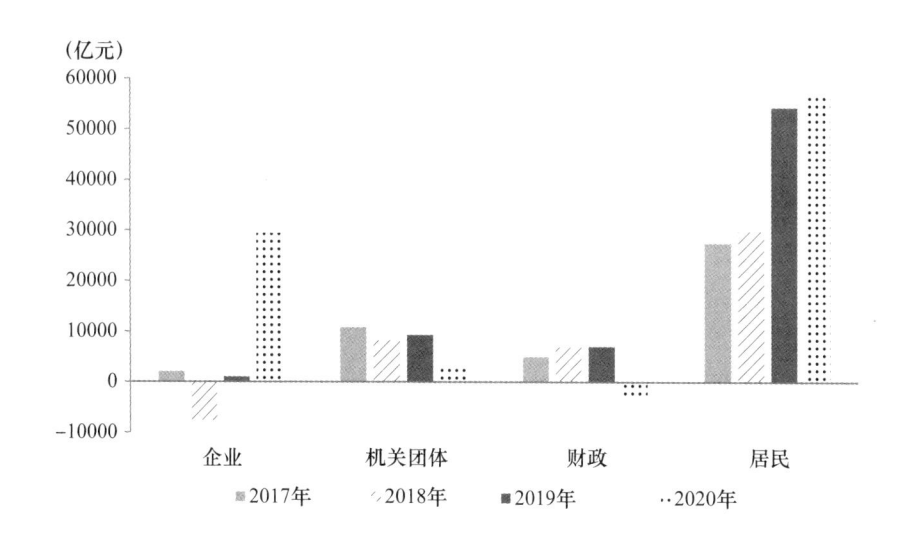

图3-13 历年前4个月中国新增人民币存款金额

(一) 居民收入和就业预期恶化，导致消费行为模式变化

疫情冲击的社会心理变化，叠加经济下行压力带来的失业风险上扬和未来收入预期下降，使消费复苏面临严峻挑战。第一季度，全国居民人均可支配收入同比增长0.8%，但人均消费性支出同比负增长8.2%，特别是城镇居民收入增长0.5%，但消费下降9.5%，虽然有疫情防控因素影响，但结合第二季度以来的

消费反弹力度低于预期、居民储蓄意愿增强，反映了居民消费行为趋于保守。事实上，近年来城镇居民人均消费性支出增速持续低于人均可支配收入增速，反映了城镇居民在债务水平高企和未来收入预期下滑作用下的紧缩效应。居民消费的保守化倾向从消费支出结构来看更为明显。第一季度除了粮油、食品、饮料烟酒类和居住类支出保持了正增长外，其余六类消费支出同比均为两位数以上的降幅，且非生活必需品的降幅更大。从1—5月分产品类型的限额以上消费情况看，这一分化趋势并没有出现明显好转，非生活必需品特别是耐用品消费的降幅依然较大，继续保持两位数的负增长。

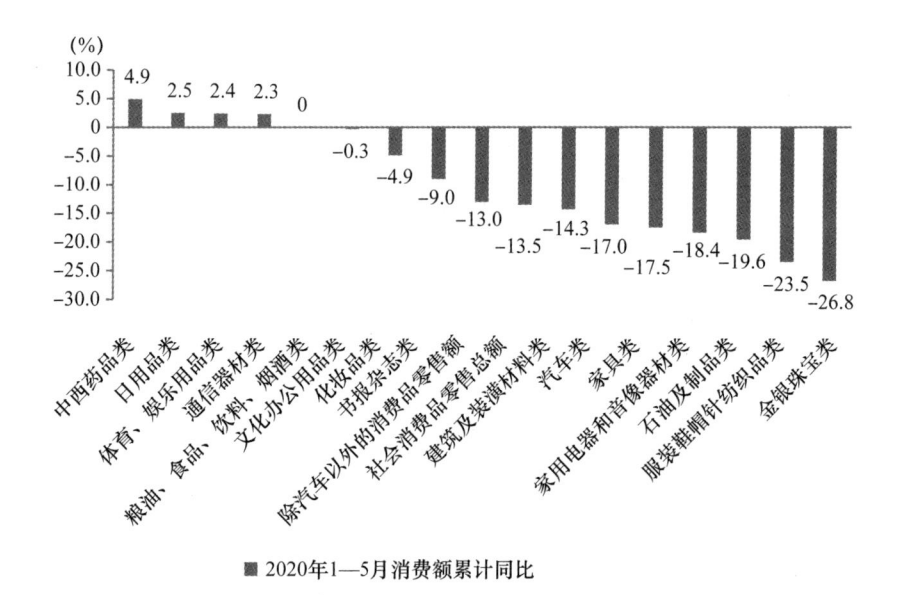

图3-14 2020年前5个月居民消费额增长分化

当然，从下阶段刺激消费的潜力看，疫情冲击下，第一季度居民消费支出下滑幅度低于收入下滑幅度，使得居民储蓄不降反增，客观上有利于避免家庭资产负债表因为疫情冲击而进一步恶化的风险，提高了未来消费潜力。然而，要想激发消费潜力，一方面需要增加居民收入，另一方面需要提高居民对未来收入的信心。根据中国人民银行城镇储户问卷调查，第一季度居民未来收入信心指数降至45.9%，较上年第四季度大幅下滑7.2个百分点，为近年来的最低点。当前收入和未来收入预期下滑，必然加剧居民消费的保守化倾向。

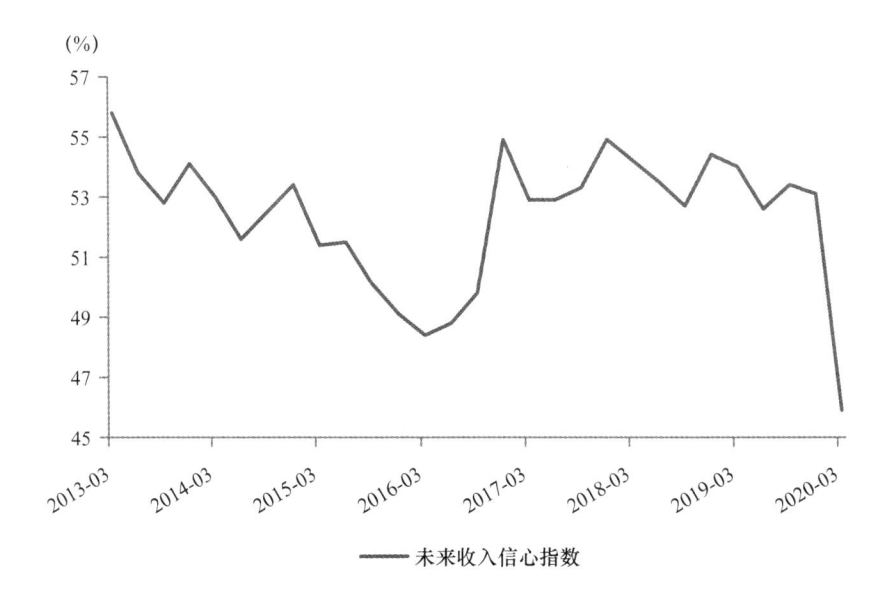

图3-15 居民未来收入信心指数显著下滑

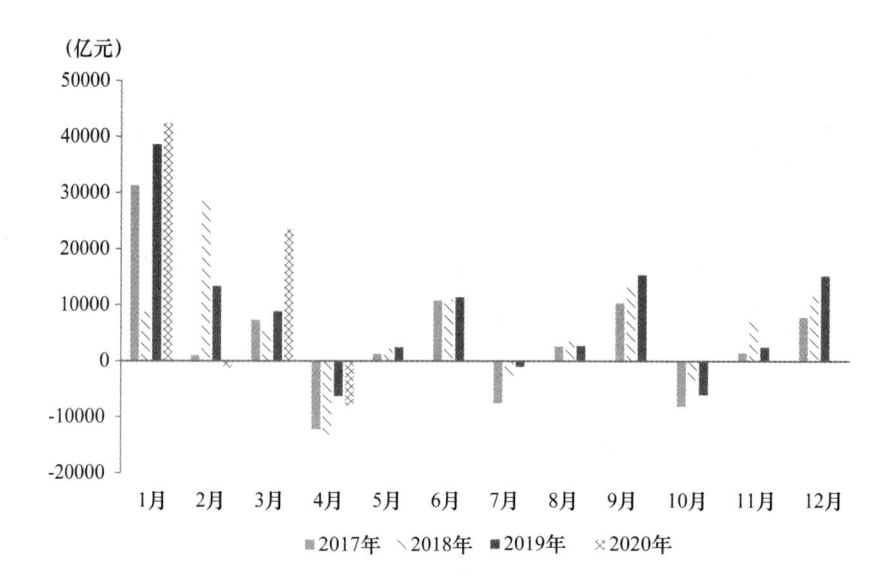

图 3-16　历年各月中国居民新增人民币存款金额

（二）盈利和收入预期恶化，导致企业投融资行为模式转变，持续增加企业存款

疫情冲击和需求的低迷，使得企业营业收入和利润总额均出现大幅负增长，亏损面和亏损额显著扩大。前4个月，规模以上工业企业营业收入同比下降9.9%，利润总额同比下降27.4%，在41个工业大类中，有36个行业利润总额同比下降。从亏损面来看，前4个月，亏损工业企业家数同比增长28.7%，近11万家，占到规模以上工业企业总数的29.4%，即近三成的规模以上工业企业出现亏损；亏损企业亏损额同比增长41.4%，占利润总额的42.4%。如此大范围的企业亏损，可能使企业面临经营风险临界点，并导致企业投资趋于保守。

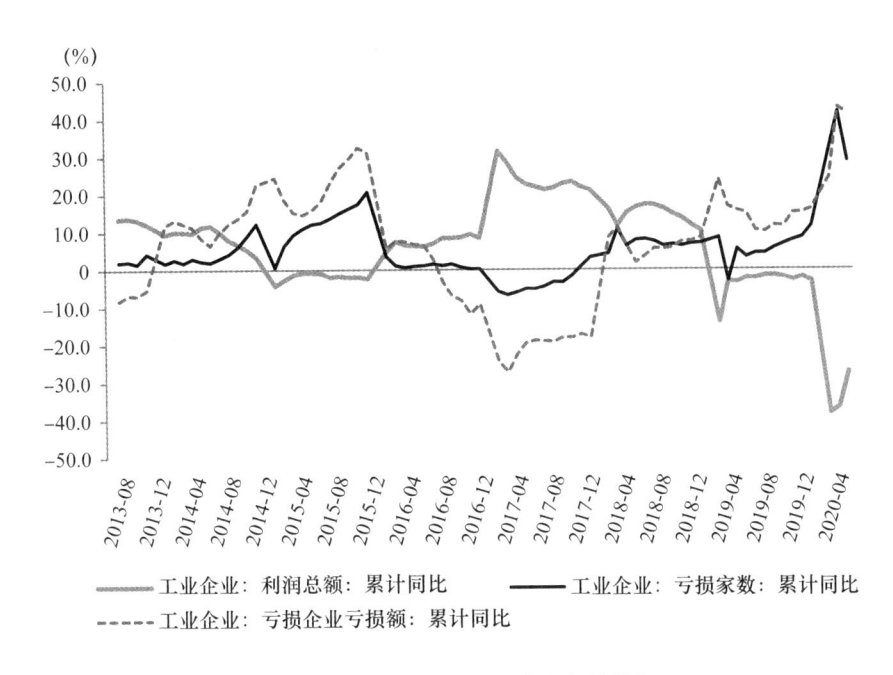

第三章 中国经济复苏面临的主要挑战和风险点

图 3-17 中国工业企业效益有所恶化

从资产利润率的角度看,工业企业资产利润率自 2018 年起开始持续下滑,2019 年开始低于金融机构一般贷款利率,2020 年前 4 个月(年化)仅约为 3.2%,显著低于金融机构一般贷款利率。同时,随着企业营收下滑和运营成本上升,出现了企业存货积压、资金周转困难等问题。4 月末,企业产成品存货同比增长 10.6%,周转天数为 21.7 天,同比增加 3.8 天;企业应收账款同比增长 9.9%,平均回收期为 59.8 天,同比增加 11.2 天。

在以上背景下,即使企业融资规模扩大可能也不会转化为固定资产投资,而更有可能转化为低收益的流动资产,以备不时之需、缓解资金周转困难。因此,也就出现了企业在 2—4 月持续增加企业存款的现象。

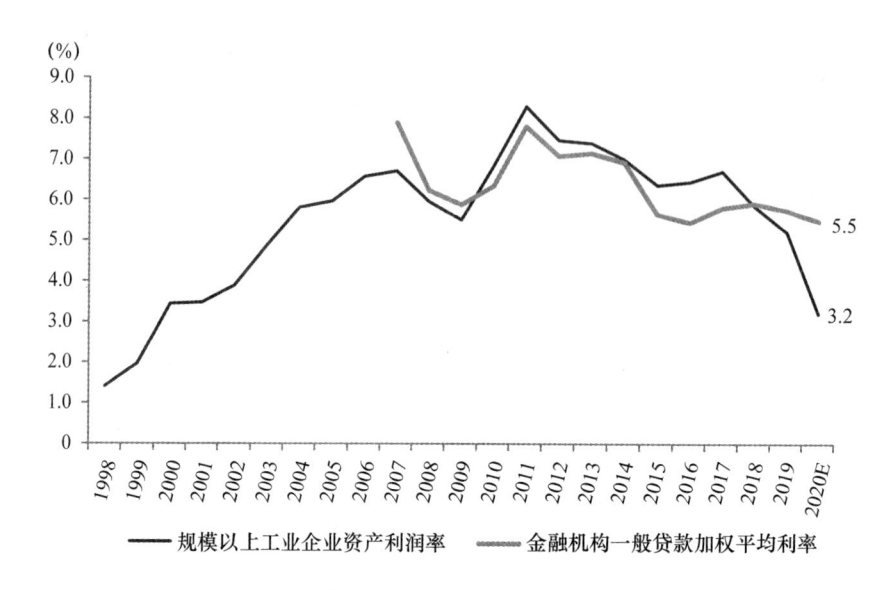

图 3-18 中国工业企业资产利润率显著下降

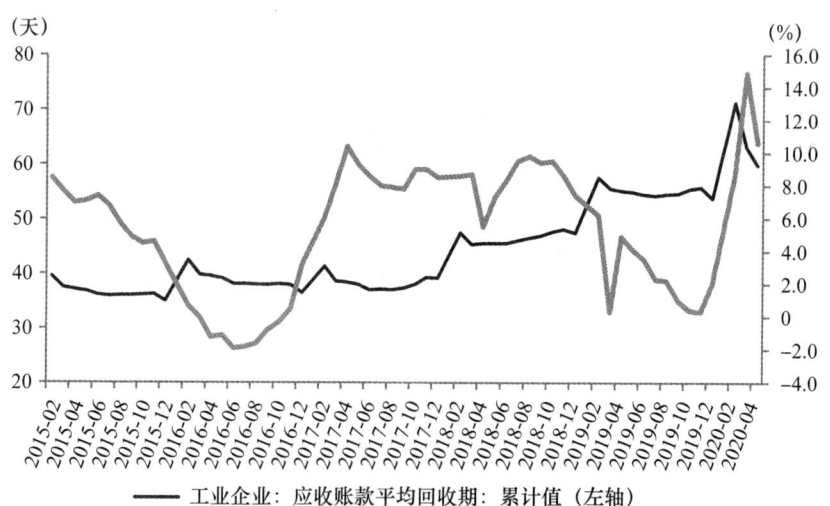

图 3-19 中国工业企业面临库存积压和资金周转困难

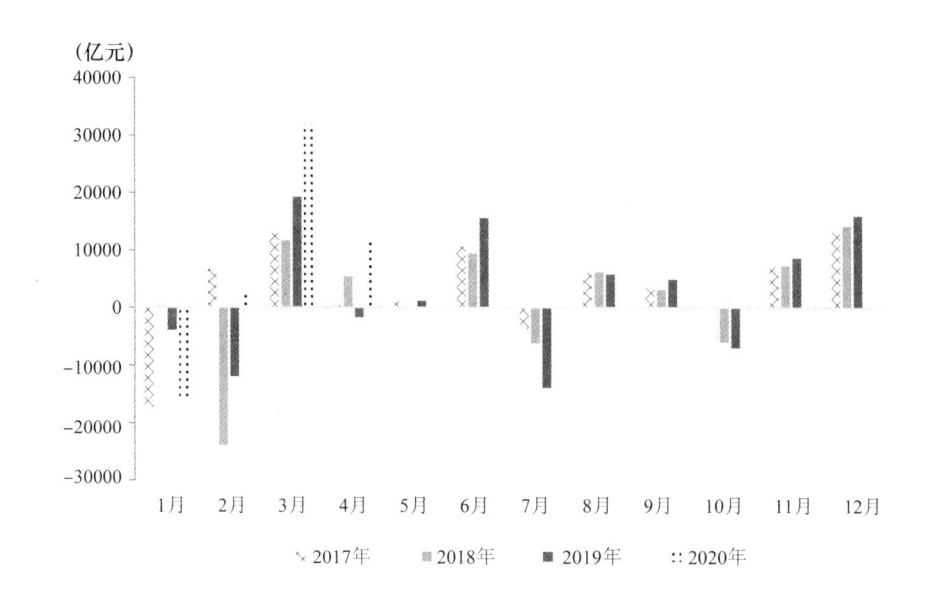

第三章 中国经济复苏面临的主要挑战和风险点 | 63

图 3-20 2017—2020 年历年各月中国企业新增人民币存款金额

(三) 外贸形势严峻复杂，外向型企业转型压力加大

从制造业景气度来看，新出口订单下滑既是近期 PMI 分项指数中最大不确定性因素，也是 PMI 近两年下滑的趋势性力量。第二季度以来，随着海外疫情蔓延，新出口订单指数出现二次探底，与新订单指数显著分化，成为 PMI 回升的最大制约因素。5月，PMI 为 50.6%，其中新订单指数为 50.9%，连续 3 个月位于"荣枯线"以上，但是新出口订单指数深陷严重紧缩区间，4月和 5 月分别为 33.5% 和 35.3%。

考虑到新出口订单指数在疫情暴发前就已经持续两年处于紧缩区间，从短期应对和长远发展来看，出口企业都必须加快转型升级和研发创新。但是，在短期生存压力的驱使下，出口企业可能无暇顾及中长期发展问题，甚至可能偏离主业以增加临时性收入，不利于培养和提升未来的国际竞争力。

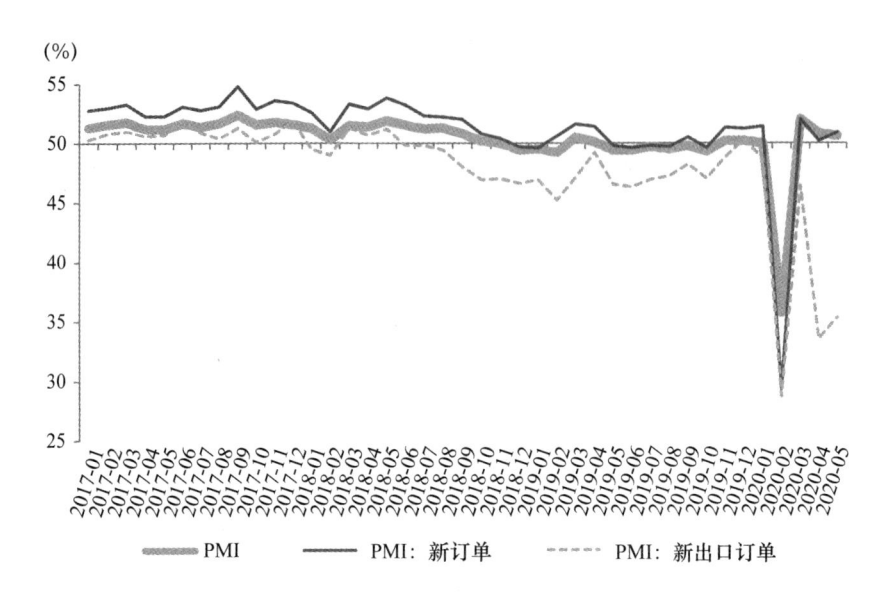

图 3-21 中国 PMI 新出口订单指数二次探底

◇◇ 五　政策传导存在阻碍，相关机制有待理顺
——需要完善宏观调控

（一）2020 年年初以来，央行通过货币政策工具积极投放流动性，引导市场利率水平普遍下降，但也存在政策利率传导不畅、市场利率严重分化的现象

银行间市场利率、债券市场利率显著下降，降幅达 1.0—2.0 个百分点，但贷款基础利率（LPR）仅下降了 0.3 个百分

点，金融机构一般贷款利率仅下降了0.26个百分点，"仿佛疫情没有发生一样"，难以应对实体经济投资收益率的大幅下滑，也容易产生资金空转现象。

《政府工作报告》要求"创新直达实体经济的货币政策工具，务必推动企业便利获得贷款，推动利率持续下行"。这一要求直指我国货币政策传导机制存在的问题。经过多年，货币政策框架转型取得了显著的成绩。但是，资金在银行间市场空转，企业贷款难，尤其是民营企业贷款难问题依然突出。货币政策传导不畅主要有三个原因：基础货币供给渠道还没有完成转型，导致银行流动性风险加大；系统性风险积累在商业银行领域，无法缓释；过于依赖商业银行调整息差定价，降息引导不足。为此，需要加快构建更加透明、规则化的基础货币供给渠道，通过金融创新和政策工具创新，在社会中分散风险，央行更多主动作为，承担好系统性风险，加大短期利率降息幅度，通过政策性利率调整引导商业银行利息定价，同时加强商业银行内部管理建设。

1. 基础货币供给渠道不完善

从我国的流动性供给链条来看，人民银行通过公开市场操作等工具向商业银行注入流动性，再依托银行间市场向各类金融机构及其他市场扩散，最终进入实体经济。但是流动性渠道多年一直存在不畅问题。造成流动性传导不畅的因素很多，其中一点在于我国流动性供给结构和供给渠道较前些年发生了巨大变化，与新变化对应的改革还在进展中。在原有外汇占款投放渠道消失后，现有供给渠道存在较为严重的信息不对称问题，银行间市场利率波动性加大，导致商业银行等金融机构对流动性供给预期不稳定，更倾向于将资产投向利率债等低风险高流动性领域，以匹配负债端的波动性。这就导致了资金向实体传导不畅。未来需要以改革提高流动性供给渠道的透明性和效率。一方面，中央银行可以考虑适度增加交易商等措施扩大政策覆盖面；另一方面，商业银行也需要通过自身风控能力提升来将资金引导向实体经济。

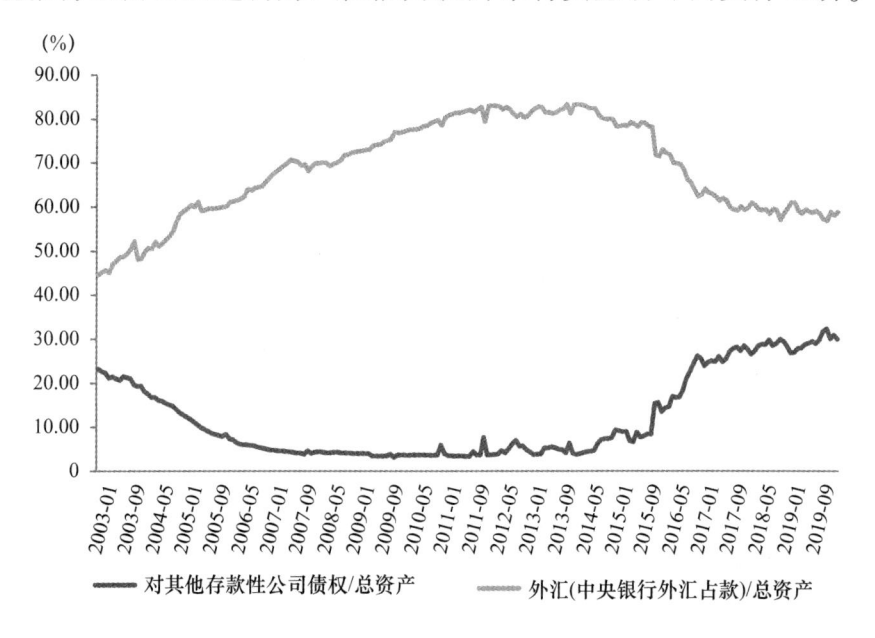

图 3-22 央行资产结构变化

我国在加入WHO之后，对外开放提升到新水平，积累了大量外汇储备。商业银行将手中的外汇换为国内货币，成为我国货币供给的外汇占款渠道。外汇占款渠道是一种普惠式的流动性供给模式，机制简单。2015年以后，随着外汇占款的逐步消失，各类公开市场操作及法定准备金率的不定期下调成为商业银行获取基础货币的主要渠道。相比于外汇占款,这些渠道并没有形成稳定的规则化机制,不确定性加大,提升了市场利率的波动性。从年均日波动率来看,2017年、2018年、2019年,DR001的波动率分别为0.21个、0.26个和0.51个百分点,货币市场资金价格大起大落的现象较为明显。

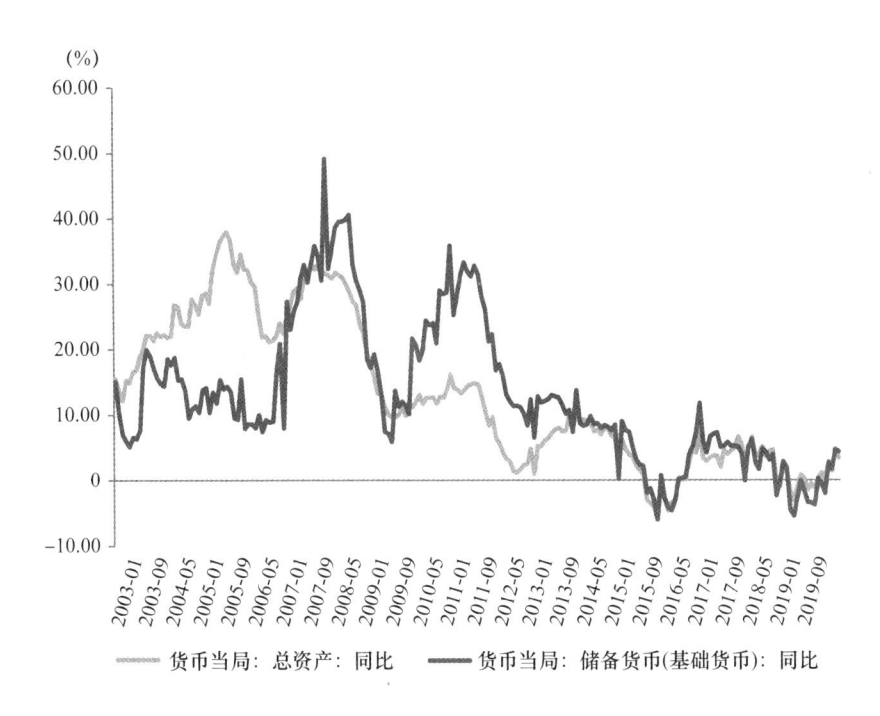

图3-23 基础货币增速

银行间市场利率波动率的上升导致市场难以形成稳定的宽松预期。基础货币投放渠道改变后,流动性分层供给现象逐步明显。在原有外汇占款模式下,有外汇就意味着可以拿到低成本的基础货币，而在目前的投放模式下，MLF交易对手方、公开市场一级交易商，不同层次的金融机构所能获得的金融资源实际上是有差异的，而国有大行、股份制银行都不同程度地承担了流动性传导的责任。在这个流动性以及利率的传导链条中，越靠后的交易主体对于自身的流动性获取能力实际上是越不自信的，这就会导致前端的微小波动在后面会出现急剧放大，使得市场难以形成稳定的资金面预期。

在目前的流动性供给渠道下，实体经济信用风险明显上升、流动性供给相对宽松但市场预期并不稳定三重因素综合作用下，作为投资主体的商业银行的最优选择是将资金投向低风险、流动性好、可随时变现、可作为优质抵质押品的利率债。2018年以来，以国债为代表的利率债收益率一路下行。收益率曲线形态呈现非常明显的扁平化趋势。大量资金停留在债券市场，出现了较为明显的流动性堰塞湖效应。

因此，稳定基础货币供给预期是银行间市场资金合理宽裕后，低利率有效传导至实体经济的必要条件。在同样程度和水平的基础货币供给下，银行间市场流动性的供给结构和传导效率会明显影响贷款数量与利率。在理论上，银行会根据风险收益匹配情况，在贷款资产和债券资产之间进行合理配置，但现实中两个市场之间依然存在分割，债券利率明显下降而贷款利率稳中有升。

为了优化银行间市场流动性传导结构，降低市场波动性，提高传导效率,中央银行与金融机构之间要形成合力,针对资金成本和流动性溢价、风险溢价等利率构成因素的政策形成机制透明、预期引导的市场相容的激励模式。在基础货币供给端,要通过降低法定准备金率、下调 MLF 等公开市场操作利率引导无风险收益率下行。在银行间市场,中央银行可以考虑适度扩大交易商范围,增加包容性和透明性,引导形成稳定的资金面预期和合理的风险溢价水平。商业银行也需要苦练内功,着重提升自身风控能力建设,更好地将负债端的流动性导向对实体经济的资金投放。

2. 民营企业系统性风险积累在商业银行领域过度累积

我国民营企业,特别是民营中小微企业融资渠道较为单一,主要依赖银行贷款。但是,"贷款贵,贷款难"等问题长期突出。近年来,为解决相关问题,人民银行、银保监会等做出了很多努力。例如,人民银行在 2019 年建立了三档两优存款准备金体系,银保监会出台"两个/三个不低于""两增两控"等监管要求。2020 年 4 月 10 日,银保监会发布《商业银行小微企业金融服务监管评价办法(试行)(征求意见稿)》,对商业银行支持小微企业金融服务提出了更精细化的要求。进一步的监管等要求可以参见图 3-24。

在政策落实过程中,中国人民银行、银保监会需要构建与商业银行激励相容的激励体系。对商业银行,关键问题在于解决风险与定价的平衡关系,监管要求与银行自主经营之间的关系。

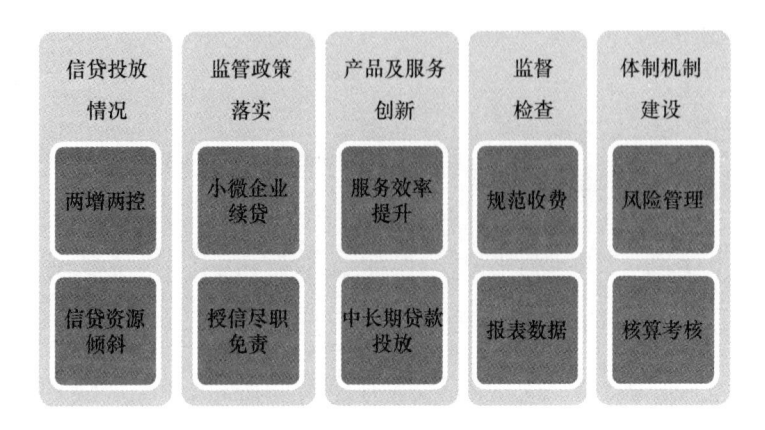

图 3-24　未来监管要求

民营中小微企业的经营风险比较高，担保品少，财务等信息不对称问题突出，商业银行从自身利益角度，为了覆盖风险，必然会提高利率。从监管机构政策角度，希望能够严控并有效降低民营中小微企业贷款利率。监管层的预期和商业银行逐利之间存在差距。同时，近年来监管要求尺度有波动，导致商业银行被动调整资产负债表，部分业务执行中连续性不足，也导致了中小民营企业的贷款获得性受到影响。正由于目前商业银行风险与定价的平衡关系，监管要求与银行自主经营之间的关系还没有得到有效的激励相容，导致了商业银行对民营中小微企业的信贷投入不如监管层要求，更多依然投向地方融资平台和国有企业。

中小企业除了从银行获得贷款之外，还可以选择直接融资。在直接融资中，相对容易的是发债。中小民营企业作为单独的主体发债较为困难。我国目前主要的政策解决方案是多家企业捆绑在一起，集合发债。集合发债有较多潜力，发债渠道上也不存在问题。当前的疫情期间，市场上又出现了"中小企业集体发债、抱团取暖"的呼声。虽然从原则上，集合发债是一种非常可行的选择，还可以获得目前较低的市场利率。但是，关键问题仍是要解决财政担保代偿与中小企业经营风险高的问题。例如，在执行中通过政府担保发债，市场投资者到底是关注企业（资产池）的质量，还是背后担保机构的信誉，如何才能准确定价？如何保证债券投资人对于债券发行主体的投后管理？如何保证担保代偿机构对发债企业的监督作用？这些问题目前还困扰着中小民营企业发债。

综合上述两种渠道，无论是银行信贷还是市场发债，都会因为信息不对称，导致风险与收益难以匹配，进而影响小微企业融资。除了抵补风险，政策的关键着力点还应该解决信息不对称的问题。很多银行都已经开始建设自身的大数据风控系统，通过强化征信、财务反欺诈、大数据智能风控应用等手段，提高小微企业解决信息不对称的问题。例如，江苏银行的月光宝盒、浦发银行的天眼系统，综合工商、税务、司法、舆情等多方面信息，加大企业风险识别。未来，可考虑由政府机构牵头，建立小微企业风险识别系统，通过提高信息透明度，提高小微企业的信贷资源获取能力。

在一般性的信息不对称问题以外，当前疫情期间中小民营企业的融资问题更多体现了无法分散的系统性风险。一般而言，企业的风险是个体风险。前面提到的民营企业风险较高更多是企业的问题，例如财务信息不真实，抵押品不足，等等。但是，此次疫情期间不同，企业更多受到了系统性风险冲击。

疫情影响经济的渠道与一般冲击不同，不是对某些行业，而是对经济的全面影响。疫情影响经济的途径是由于疾病会导致人与人的传染，人们出于恐惧心理会大幅度减少人与人有接触的生产和消费活动，对经济产生最为全面的冲击。传统的经济冲击因素，如能源价格、政府支出、央行调整利息等都是最初集中在某些特定的部门，然后在各种的放大机制作用下，在整个经济体中蔓延。疫情是全方位影响人与人的交流，这直接打击了人类组织各类活动的能力。

在这种影响下，全部企业都会受到影响，区别只在于大小不同。这种全社会性的冲击对应于系统性风险。这种风险商业银行是无法分散的。如果商业银行大量以较低利率承担民营企业贷款或者购买民营企业发行债券，就会全部承担系统性风险，进而可能带来银行系统的全面坏账和巨大的金融风险。

从政策设计上看，面对不同的风险需要有与之风险特征对应的工具。面对系统性风险，需要中央银行直接承担，也就是通过直接购买相关资产。一方面，这可以降低商业结构承担的资产风险，在低利率的环境下，更好地与风险匹配；另一方面，系统性风险留在金融机构手中，更容易引发金融危机。

最近，央行做出了相应的尝试，但是力度还可以提升。6月

1日，中国人民银行联合四部委发布了《关于加大小微企业信贷支持力度的通知》。自即日起，央行将按季度购买符合条件的地方法人银行业金融机构2020年3月1日至12月31日新发放的普惠小微信用贷款的40%，贷款期限不少于6个月。

在操作上，央行向与财政部联合成立的SPV提供4000亿元再贷款资金，SPV拿了4000亿元的再贷款资金以后，和地方法人金融机构签订信用贷款支持计划的合同，购买地方商业银行发放贷款的40%，资金期限是一年。

央行购买的贷款，委托放贷银行管理，贷款利息由放贷银行收取，坏账也由放贷银行承担。因此，央行只是名义上购买一部分贷款，实际上对所购买贷款不承担任何收益和风险，仍完全归属于放贷银行。这种操作实质上只是以特定贷款为标的，向符合条件的银行提供一定比例的零息再贷款支持。

要让资产购买政策真正起作用，还是需要央行承担更大的风险。第一，在额度上进一步加大，2020年中小微企业的贷款需求大，更需要力保市场主体生存，资产购买规模可以根据情况进一步提升。第二，建议考虑真实购买，利用SPV等机构主体，将贷款真正对商业银行出表。提升商业银行资本金使用效率，降低风险。第三，为保证商业银行审慎放贷，可以将最终违约率与准备金率等挂钩。第四，扩大范围，考虑购买中小微企业发行的集合债券等，多渠道稳定中小微企业融资。

3. 通过降息和加强商业银行内部管理引导利率下行

2020年以来，通过货币政策积极投放流动性，我国的利率水平持续下行。图3-25显示，无论是短端的SHIBOR，人民币贷款加权平均利率，还是国债、AAA和AA的企业债利率都在下行。但是，价格指标的传递效率却存在问题：SHIBOR、国债、AAA和AA的企业债利率明显下降，但是人民币贷款加权平均利率的下降的幅度极小。

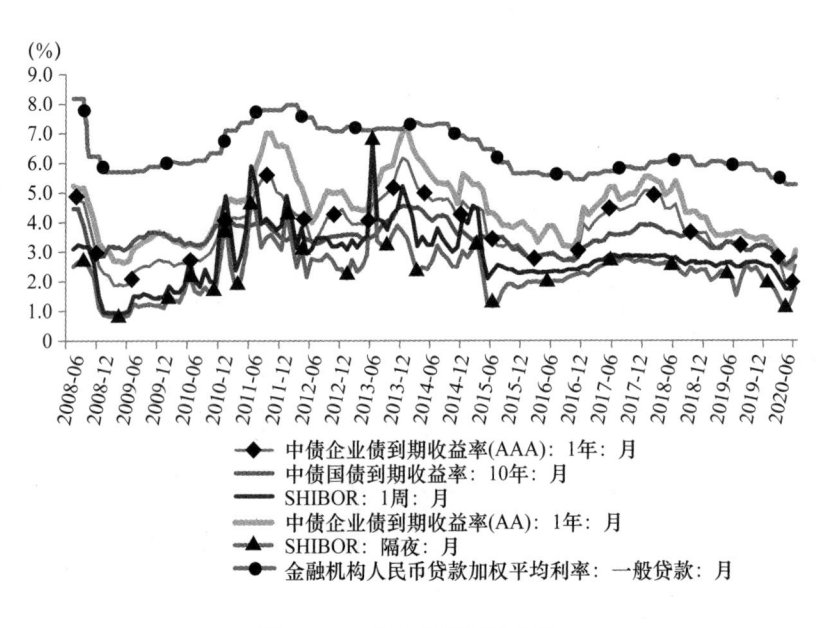

图3-25 中国各种利率走势

而且，当前各种利率水平基本与2008年国际金融危机时期持平。但是，2008年是通过大幅度降息到达这个水平，而当前是一个缓慢的下降过程，并没有相应幅度的降息动作。对比经济增速，2009年第一季度是6.4%，2020年第一季度是-6.8%，同样的利率，但是经济增速远远不可同日而语。这意味着当前的经济活动要远远弱于2009年，同时企业多年积累了高杠杆，债务总量大幅度上升。同样的利率，由于企业收入下滑，债务总体支出加大，企业的现金流压力要远远大于2009年。

当前还有着很大的降息空间，可以考虑进一步降息。图3-26显示，当前长端利率低于2009年，但是短端利率高于2009年，收益率曲线极度扁平化。这挤压了金融机构的收益，降低了抗风险能力。最为关键的是，短端利率高抬升了银行融资成本，限制了长端利率进一步下行的空间。

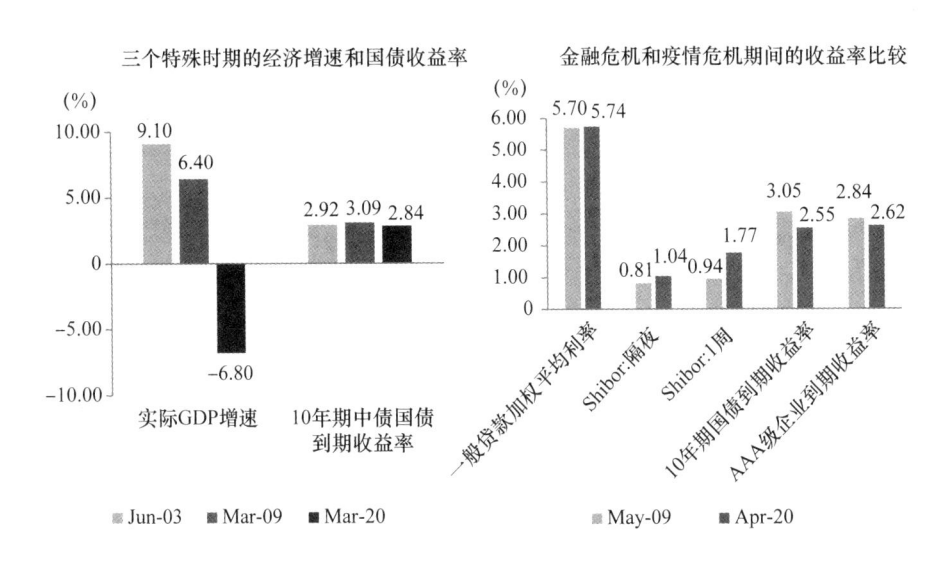

图3-26 与国际金融危机时期的利率对比

最近几年，一直存在的一个思路是尽量保持正利率的同时压减商业银行息差，通过商业银行传导降低市场利率。实际上，这种方法会不断积累风险。银行的息差与总体经济环境，特别是企业高风险是不可分的，不是简单通过监管政策等就可以大幅度降低的。过度降低息差到市场均衡水平以下，会削弱银行的拨备能力，难以覆盖近年来积累的风险。

未来，可以考虑进一步降低短端利率。通过无风险利率下降，引导收益率曲线下移。当前的风险主要是系统性风险，只有降低无风险利率，才能真正为社会降低成本。降低银行息差等于将系统性风险转移，社会风险加大。同时，商业银行也需要进一步加强内部管理，提高风控水平，进一步通过信息化手段加强风险定价水平，通过自身管理提升降低成本和经营风险，降低市场均衡的息差水平。通过央行降息和商业银行降低均衡息差，合力引导市场利率水平下行，修复企业和居民的资产负债表。

（二）在大规模财政救助和资金投放过程中，需要消除所有制歧视、户籍歧视

历史上的经济刺激政策往往是偏向型的，以国有企业、地方政府为先锋和主力军，以保障城镇户籍人口就业、本地人口就业为主体，容易产生新的政策扭曲和不公平问题。1—5月民间投资负增长9.6%，低于国有控股企业投资增速7.7个百分点；制造业投资负增长14.8%，分别低于基建投资和房地产投资增速11.5个和14.5个百分点。这提示我们，在新基建、在城市群、城市带的构建上，在一些大型项目构建上，要充分考虑民营企业参与；在保就业、保民生的政策上，要充分考虑农民工等边际

人群。

同时，对于大剂量的资金直投，也需要考虑如何保证资金的渗透能力和有效性。目前，财政政策安排2万亿元资金通过特殊转移支付直达基层，解决保基层运转的作用。但需要进一步考虑的是，大量的边际企业、边际人群没有纳入税收体系和信贷体系之中，直达资金可能浸润不到。因为目前小微企业的社保参与率只有46%；其中，失业保险参保率只有15%，养老保险参保率只有31%，工伤保险参保率只有18%。

在常态化疫情防控下，地方政府行为模式也发生变化，如何有效调动地方政府的积极性，对推动经济复苏显得非常重要。一方面，2020年没有设置明确的经济增长目标，地方政府在多重目标任务下，可能出现刺激不足或刺激过度两种极端情况，需要加强目标指引；另一方面，2020年新增赤字和抗疫国债全部转给地方、直达基层，有利于保障民生和基层运转，但如何提高基层的资金使用效率，更好地发挥稳就业、保民生功能，不仅需要加强监督，更需要一定的顶层设计，才能更好地发挥规模性政策所应有的规模效应和预期引导作用。

总体而言，在保证企业生存、供给侧基本修复之后，要进一步促进市场主体包括中小企业、小微经济发展，不能简单依赖信贷资金或财政补贴，而是必须要有大规模的市场。在已经完成保生存、供给侧复苏的基础上，宏观经济政策的途径和着力点应该向需求侧进行大规模转移，加快落实有效需求提升战略。对于供给侧，则需要回归到常态化的供给侧结构性改革，从疫情救助转换到供给侧结构性改革和中长期改革定位上，加快落实 2020 年出台的三个重要的文件和法律：一是市场经济体系改革的若干意见；二是要素市场改革的一揽子方案；三是民法典的全面宣传和落实。这是我们下一步改革的方向、发展的方向，具有举棋定性的作用，也是稳定民营企业投资的一个关键点。

六 趋势力量逐步显化，潜在增速可能下滑
—— 需要深化改革开放

从中长期发展因素来看，影响我国经济潜在增速的趋势性力量并没有步入新的平台期，依然处于回落阶段。随着疫后经济逐渐回归常态化运行阶段，经济增速换挡力量的显化将开始发挥主导作用。

（一）全球化红利处于快速下滑期

疫情暴发之前，中美贸易摩擦和全球经济大幅放缓决定了全球化红利已经出现了大幅下滑甚至趋于耗竭的现象。货物和服务贸易顺差占中国 GDP 的比重从 2007 年 8.6% 的峰值逐步回落到 2018 年的 0.8% 和 2019 年的 1.5%，其中货物贸易顺差总体已呈现出缩小的趋势，而服务贸易逆差总体呈现出扩大的趋势。其

中，中美贸易摩擦的加剧进一步加速了全球化红利的衰竭，在中期内恐难以有效提升。

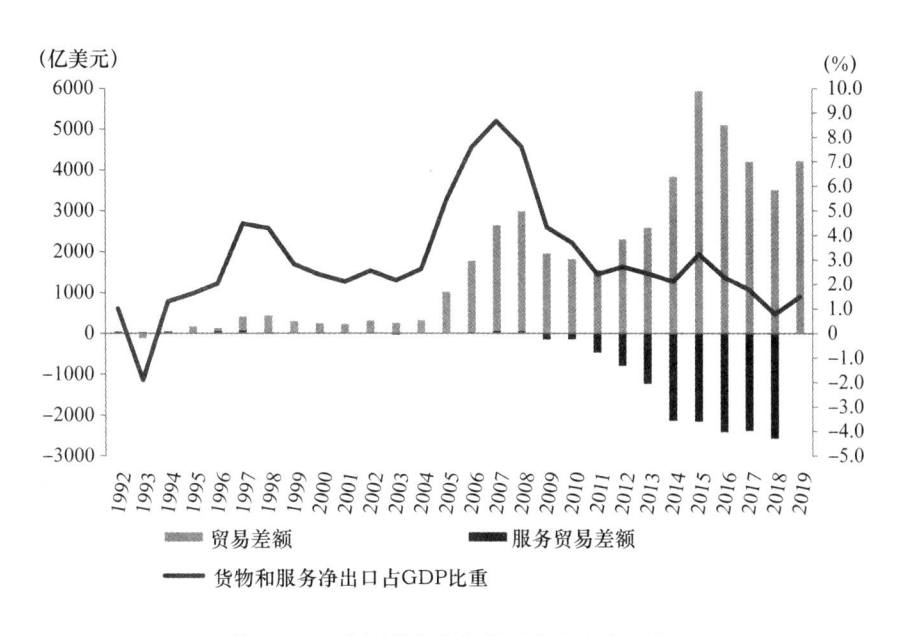

图 3-27 中国货物和服务净出口变化趋势

全球贸易增速自 2018 年出现新探底现象，中国外贸环境进入了趋势性新低迷期。以美元计价，中国出口金额、进口金额、进出口总额增速分别从 2010 年的 31.3%、38.8%、34.7%，波动下滑至 2019 年的 0.5%、-2.7%、-1.0%。2020 年的疫情冲击不过是进一步加剧了这一下行趋势。从 2020 年前 5 个月的贸易表现看，外部环境对于中国生产体系的冲击还没有显化，全球经济同步的深度下滑、全球贸易的深度收缩、贸易冲突的加剧、全球供应链的重构以及"去中国化"的抬头将使中国经济第三至第四季度面临的压力全面上扬，可能超越我们的预期。提前稳住内部经济循环基本盘是应对外部冲击和大国竞争的核心基础。

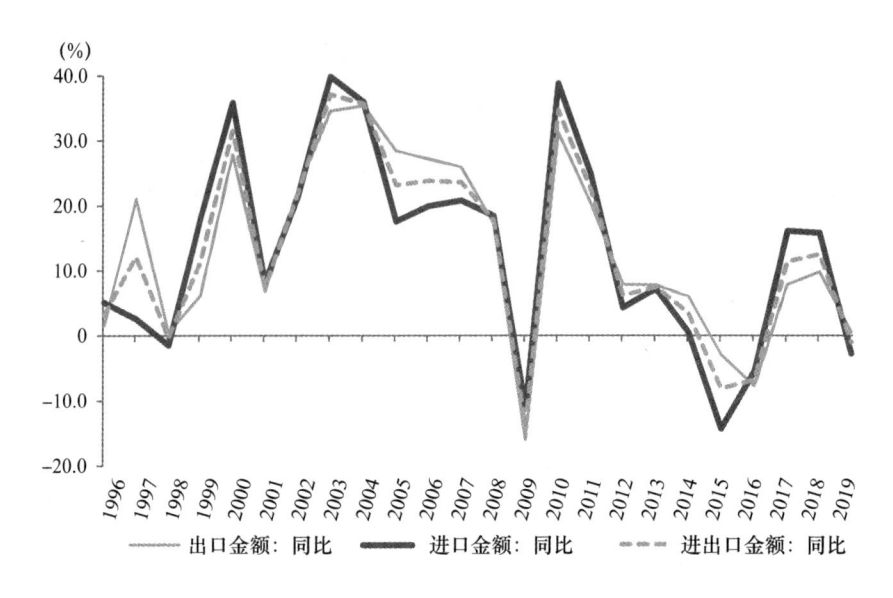

图 3-28 中国进出口变化趋势

外部环境的恶化具有中长期性，疫情暴发前世界经济中长期的趋势性下滑因素仍未见底，中美冲突引发的结构性变化远未消解。一是全球技术进步仍处于下行期；二是全球性的收入不平等问题没有得到改善；三是全球债务问题没有得到缓和，疫情期间各国推出的史无前例的大规模财政刺激政策，还将进一步加剧未来面临的债务压力；四是全球人口红利整体步入下降期；五是逆全球化的时间和深度可能比预期更长更深。中美冲突不仅是大国在世界经济低迷期的必然产物，也是霸权周期变迁的产物。中美冲突直接改变了中国的外部环境，成为中国经济下行压力加大的核心因素之一。

(二) 传统工业化红利开始递减

第一产业的稳定和第三产业的快速上升决定了工业化红利持续递减。1978—2007年中国工业占GDP比重稳定在40.0%左右，但自2008年以来，工业占GDP比重从41.3%持续下滑至2019年的32.0%，年均下降超过0.8个百分点。一方面，第一产业比重降至7.0%后，趋于稳定，2019年为7.1%；另一方面，第三产业的比重持续较快提升，于2008年首次超过工业占比，2019年达到53.9%。由此，传统产业结构转型所带来的增长效应基本耗竭。

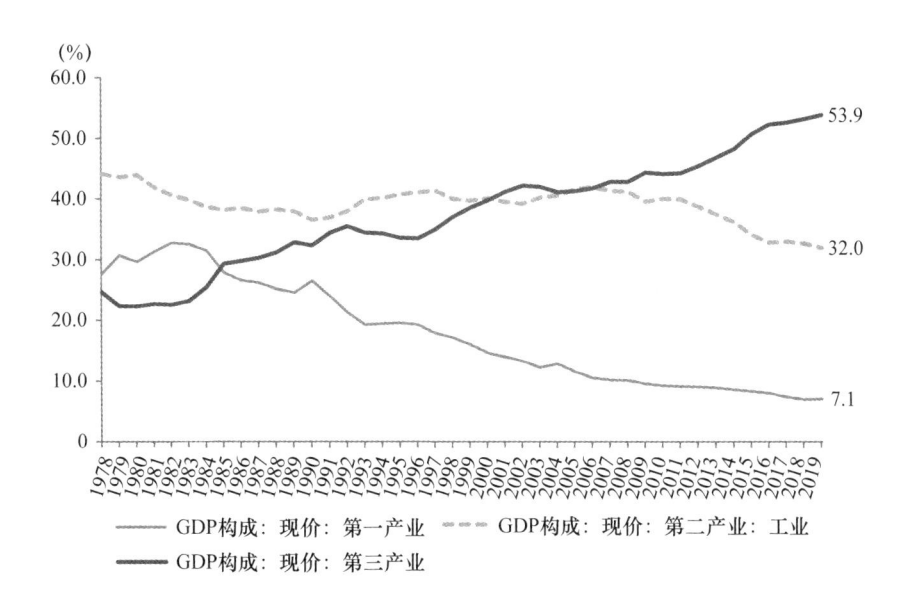

图3-29 工业化红利开始递减

(三) 传统人口红利大幅度逆转

人口老龄化的加速和农业劳动力转移的放缓，决定了传统人口红利趋于衰竭。全国15—64岁人口于2013年达到10.1亿人的顶点，16—60岁劳动年龄人口于2012年达到顶点9.2亿人，此后均开始持续下降。总人口抚养比于2010年达到34.2%的最低点后开始持续上升，2019年达到41.5%。人口结构的变化导致国民储蓄率下降，2010年达到最高点51.8%后开始持续回落，2019年为44.4%。同时，从产业结构和城乡结构转型的角度看，农业劳动力转移速度明显放缓，流动人口总数开始由增长转为回落。2018—2019年农民工总量增速均值为0.7%，相比2015—2017年的均值1.5%，增速下降了0.8个百分点。

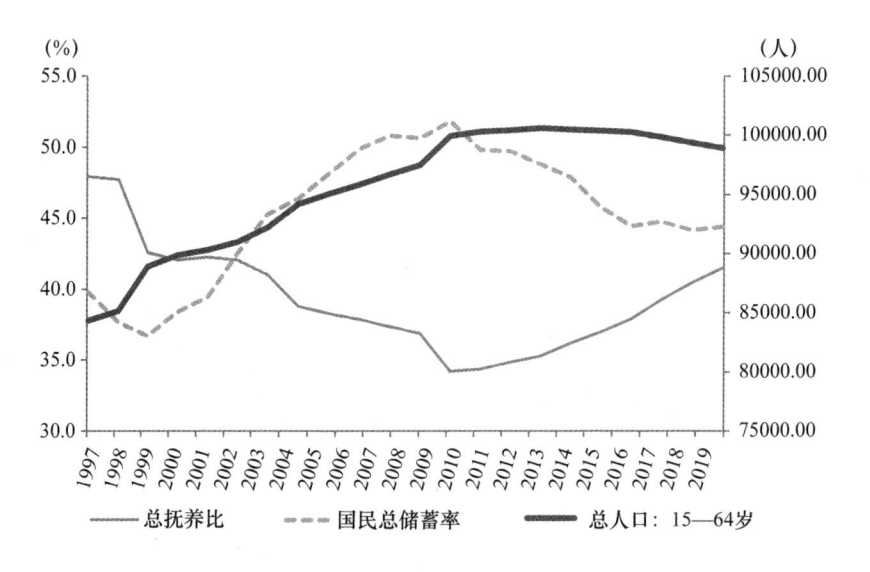

图3-30 1997—2019年中国人口结构和储蓄率变化趋势

第三章 中国经济复苏面临的主要挑战和风险点 **83**

因此，中国经济趋势性下滑的力量并没有得到有效逆转，随着疫后经济重回正常增长轨道，潜在GDP增速的下滑又将成为导致经济增速下滑的核心原因之一。在影响中国经济潜在增速的几大趋势性力量中，目前除了制度性因素见底回升并带来TFP改善，其他几大因素都在下行甚至有所加速。过去10年间，中国经济增速平均每年下降0.5%，2020—2021年两年叠加疫情冲击下国际国内多重不利因素影响，潜在经济增速的"下台阶效应"将随着经济复苏进程逐渐显化。

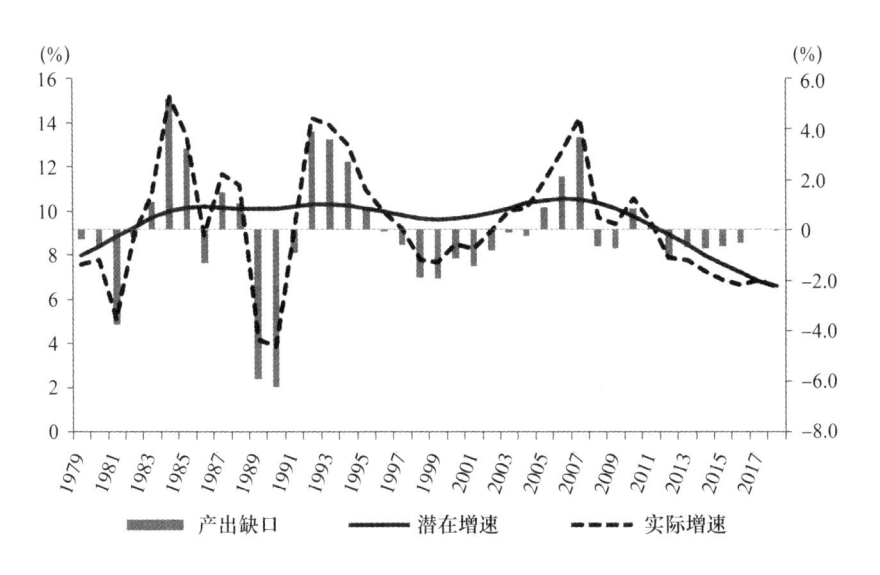

图 3-31 中国经济潜在增速和产出缺口变化趋势

从中长期看，在趋势性下滑和增速换挡过程中，中国经济发展还要完成以下五大任务：一是跨越"修昔底德陷阱"：实现无战争的大国崛起，解决国内经济增长和国际关系协调问题，构建

"人类命运共同体";二是跨越"中等收入陷阱":实现无民粹主义的大福利,解决进入高收入阶段面临的瓶颈问题;三是超越"明斯基时刻":实现无危机的金融深化,解决金融发展和风险防范问题;四是破解"李约瑟之谜":实现政府与市场协同下的大创新,解决科技进步和前沿创新问题;五是越过"环境库兹涅茨曲线"拐点:实现可持续发展的结构转型,解决人类发展与生态环境平衡问题。

第四章　走向稳健复苏的规模性政策和基础再造

现阶段中国需要回答两个层次的问题：一是能否对冲风险和稳定市场主体，推动宏观经济从疫情冲击中平稳有序恢复，避免短期冲击长期化；二是能否化危为机，解决导致潜在经济增速持续下滑的深层次问题，重建更有韧性和强劲动力的增长基础。2020年为对冲疫情危机推出的一揽子规模性政策与高水平改革开放举措可能是十年一遇的，政策目标不应局限于短期经济总量效果，还应关注长期结构效应，解决积重难返的深层次体制性结构性问题，打破经济惯性下滑力量，重塑中国经济增长动力和发展格局，必将迎来更加光明的前景。必须认识到，影响当前及今后一段时期内经济恢复节奏的很多深层次问题，在疫情暴发之前就已经持续存在，疫情加剧了其中的部分趋势。可以预见，疫情过后全球经济格局将发生重大转变，中国的长期增长表现将取决于是否有效解决了上述两个层次的问题。可以肯定的是，我们拥有答好第一个问题的能力，也具备回答第二个问题的基础。

一 用好一揽子规模性政策，疏通宏观经济循环堵点

（一）疫情短期冲击极大、经济自发调整困难

疫情冲击下，确立合意的宏观政策工具和规模，首先需要定量分析疫情对中国宏观经济变量的影响大小，以及依靠经济自发力量调整所能够达到的复苏水平和节奏，以此确立需要追加的宏观政策刺激力度。对于宏观经济分析预测而言，也同样需要综合考虑经济自身调整和一揽子规模性政策的对冲效应。为此，在真实经济周期（RBC）模型中引入新冠肺炎疫情的冲击，可以定量估算疫情冲击对中国宏观经济增长的影响以及经济自我修复的节奏。动态数值模拟分析结果表明，在没有政策对冲的情况下，经济也能自发调整，但疫情冲击对经济的短期影响极大，特别是对投资和消费的冲击巨大且恢复缓慢，必须进行规模性政策对冲，否则难以实现全年预定的经济社会发展目标。

模拟结果显示，疫情冲击将导致第一季度中国产出下降6.6%，消费下降20.5%，投资下降26.1%，这与中国第一季度实际GDP增速、社会消费品零售总额实际增速、制造业固定资产投资增速的变化情况高度吻合，说明模型的模拟效果符合疫情冲击力度，由此可以利用模型的预测结果，作为没有政策进行有

效对冲的情况下,经济自我调整的复苏节奏和下滑幅度的底线估计。

模拟结果预测,在没有任何政策对冲的情况下,仅仅依靠经济自我修复的力量调整,产出在第一季度达到最低点6.6%后,于4月开始缓慢回升,4—6月跌幅分别为3.2%、1.7%、1.0%,7—9月跌幅收窄至1%以内,10—12月跌幅收窄至0.2%以内,于年底基本恢复至疫情冲击前的稳态水平。但是由于经济全年运行在负增长区间,上半年累计增速为-4.1%,全年增速为-2.1%。

相比疫情对供给的影响,疫情对需求的冲击更为剧烈而持久。消费跌幅在3月达到最大值21.7%后,于4月开始较为缓慢的回升,4—6月跌幅分别为17.2%、11.3%、7.5%,7—9月跌幅收窄至5%以内,10—12月跌幅收窄至2%以内,年底基本恢复至疫情冲击前的稳态水平。同样由于全年运行在负增长区间,上半年消费累计增速为-15.4%,全年增速为-8.3%。投资跌幅在3月达到最大值39.3%后,于4月开始缓慢回升,6月跌幅收窄至15.6%,9月跌幅收窄至5.5%,12月跌幅收窄至2%,基本恢复至疫情冲击前的水平。同样由于全年运行在负增长区间,上半年投资累计同比增速为-24.6%,全年增速为-14.2%。

以上结果表明,在不进行政策对冲的情况下,完全依靠经济自我修复力量的调整,预计中国经济将于年底恢复至正常水平,全年经济增速为负增长 2.1%，消费负增长 8.3%，投资负增长 14.2%。

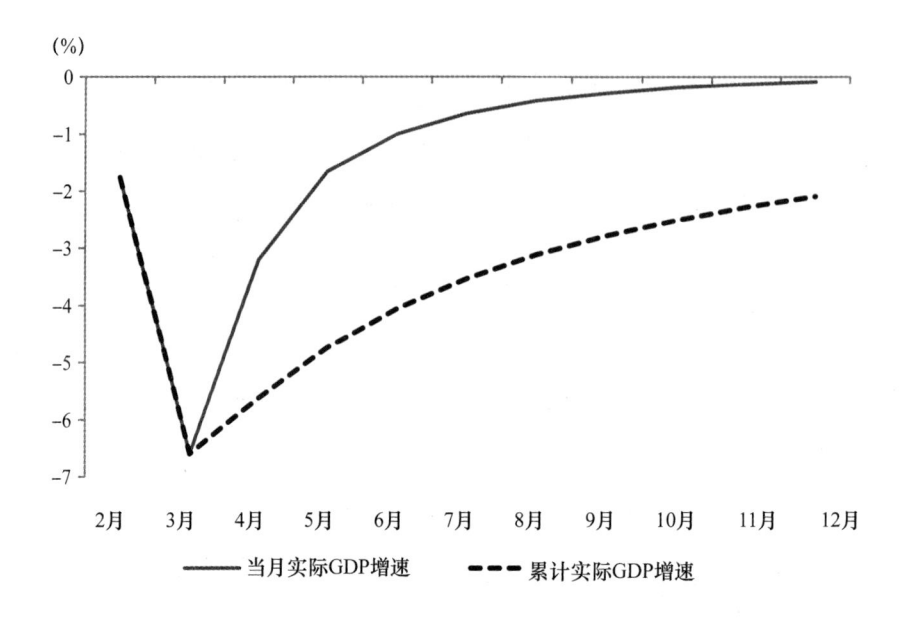

图 4-1 疫情冲击下产出的动态调整路径

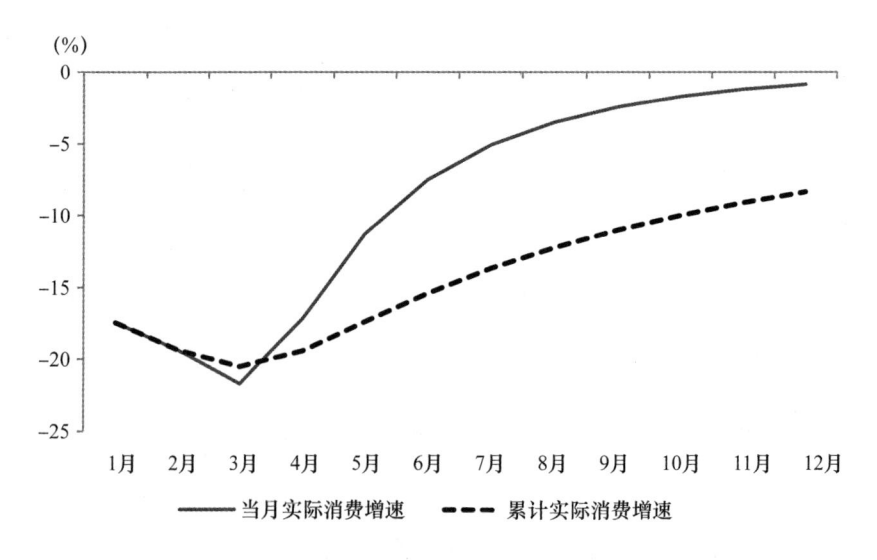

图 4-2 疫情冲击下消费的动态调整路径

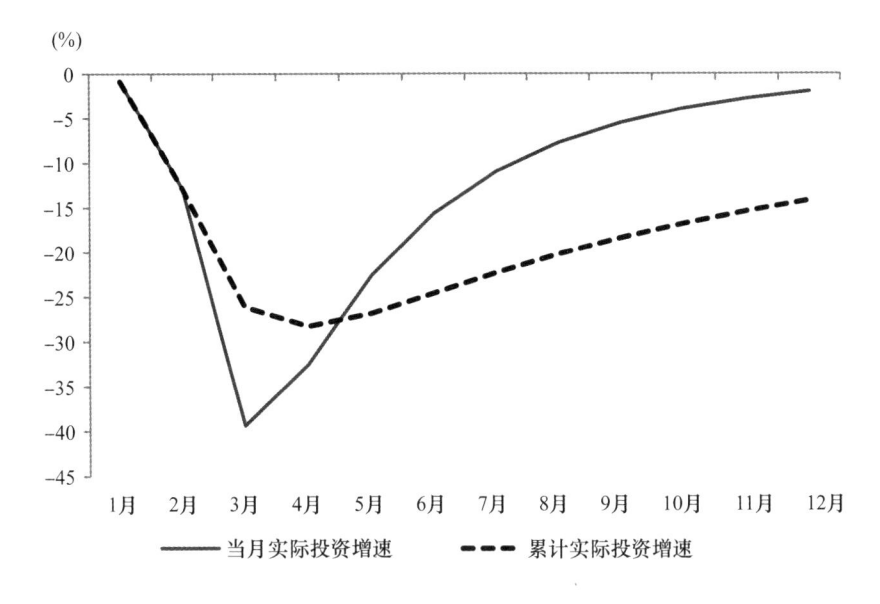

图 4-3 疫情冲击下投资的动态调整路径

(二) 宏观政策加力提效、财政货币协调配合

鉴于疫情冲击对短期经济的巨大影响,以及全球疫情和经贸形势不确定性很大,我国发展面临一些难以预料的影响因素,2020 年的《政府工作报告》没有提出经济增速的具体目标,而是提出了一系列积极的宏观政策举措,着力引导各方面集中精力抓好"六稳""六保",并将"六保"作为 2020 年"六稳"工作的着力点,通过守住"六保"底线,稳住经济基本盘,以保促稳、稳中求进,为全面建成小康社会夯实基础。同时,报告提出,宏观政策与改革举措相结合,政策规模与工具创新相结合,走出一条有效应对冲击、实现良性循环的新路子。

1. 积极的财政政策更加积极有为

基于《政府工作报告》和《预算草案报告》细节，2020年的广义财政政策力度较上年显著加大，一般公共预算、政府性基金预算、社会保险基金预算，三项"赤字"总规模达到11.7万亿元，比上年扩张幅度达到6.8万亿元。根据全年预算安排，全国一般公共预算收入180270亿元，下降5.3%，一般公共预算支出247850亿元，增长3.8%，真实赤字达到67580亿元；全国政府性基金预算收入81446亿元，下降3.6%，政府性基金预算支出126124亿元，增长38%，真实赤字达到44678亿元；全国社会保险基金收入77287亿元，下降4.4%，全国社会保险基金支出82284亿元，增长9.7%，收支缺口4997亿元。在疫情防控取得胜利、生产能力得到有效恢复的背景下，面对总需求不足的矛盾，额外扩张的6.8万亿元规模性政策，将对短期经济产生显著拉动作用，即使不考虑任何"乘数效应"，也将拉动名义GDP增长6.9%。2020年最终经济增速可能超过市场预期。

第一，财政收支扩张1.9万亿元：全国一般公共预算收入180270亿元，比上年减收10112亿元；全国一般公共预算支出247850亿元，比上年增支8976亿元；两项合计比上年扩张19088亿元。其中，赤字率按3.6%以上安排，财政赤字规模达到3.8万亿元，比上年增加1.0万亿元，转给地方建立特殊转移支付机制；调入资金及使用结转结余29980亿元，比上年增加7819亿元，考虑到上年有1269亿元是用于补充中央预算稳定调节基金，2020年实际净增9088亿元。

第二，政府性基金收支扩张3.8万亿元：政府性基金预算支出126124亿元，较上年增支34759亿元；政府性基金预算收入81446亿元，较上年减收3070亿元。两项合计较上年扩张37829亿元。其中，发行1万亿元抗疫特别国债，转给地方建立特殊转移支付机制；安排地方政府专项债券3.8万亿元，比上年增加1.6万亿元，并提高专项债券可用作项目资本金的比例；除以上两个专项外，利用历史结余资金增加政府性基金支出11829亿元，即约1.2万亿元。

第三，社会保险基金收支扩张1.1万亿元：全国社会保险基金支出82284亿元，比上年增支7295亿元；全国社会保险基金收入77287亿元，比上年减收3557亿元。两项合计扩张10852亿元。

2. 政策配套坚实有力

除了计划规模扩张，2020年的宏观政策效率也将显著高于往年。根据《政府工作报告》安排，上述一揽子财政政策将用于加大"六稳"力度、落实"六保"任务，扩大内需、稳定增长，完成决战决胜脱贫攻坚目标任务，全面建成小康社会。为配合积极财政政策的实施，《政府工作报告》要求稳健的货币政策更加灵活适度，广义货币供应量和社会融资规模增速明显高于上年，创新直达实体经济的货币政策工具。相关配套政策可能使得总体政策力度和效率进一步提高。例如，安排地方政府专项债券

3.8万亿元，比上年增加1.6万亿元，按1.5倍杠杆计算，预计可以撬动基建投资规模为2.4万亿元，而且配套政策包括上年底出台的降低项目最低资本金比例要求以及2020年新提出的提高专项债可作项目资本金比例，若提高10%，预计可以额外再撬动基建投资规模近0.6万亿元。由此，1.6万亿元新增专项债可能带动基建投资规模较上年增加3.0万亿元。

相比2019年，2020年基建项目储备较为充足，地方政府债券发行节奏加快。截至5月底，新增专项债券已经累计发行21502亿元，完成全年额度的57.3%，规模达到上年同期的2.5倍，超过上年全年发行额。此外，新增一般债券发行5522亿元，

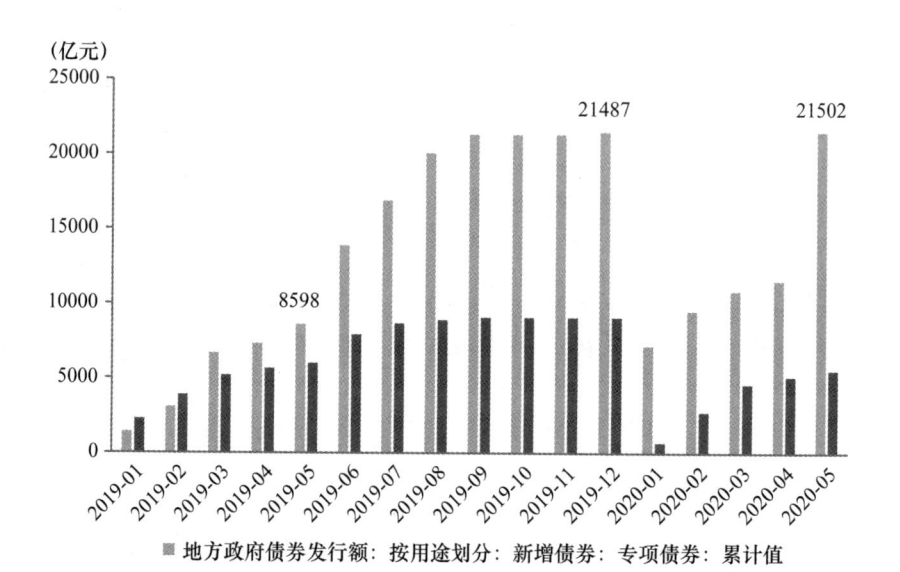

图4-4 地方政府债券发行规模和节奏显著提升

第四章 走向稳健复苏的规模性政策和基础再造 | 93

完成全年额度的56.1%，规模与同年同期基本持平。

3. 稳健的货币政策更加灵活适度

2020年年初以来，为应对新冠肺炎疫情冲击，广义货币供应量和社会融资规模增速已明显高于上年。5月，M2同比增长11.1%，较上年同期提升2.6个百分点；M0和M1同比分别增长9.5%和6.8%，分别较上年同期提升5.2个和3.4个百分点，反映了央行明显加大了货币投放力度。5月，社会融资规模存量同比增长12.5%，较上年同期提升1.5个百分点；1—5月，社会融资规模增量达到17.4万亿元，较上年同期多增5.4万亿元，增长44.8%，显示信用扩张速度较快。从社会融资结构看，信用宽松的特征更加明显。前5个月，新增人民币贷款、企业债券融资、政府债券分别达到约10.42万亿元、2.96万亿元、3.05

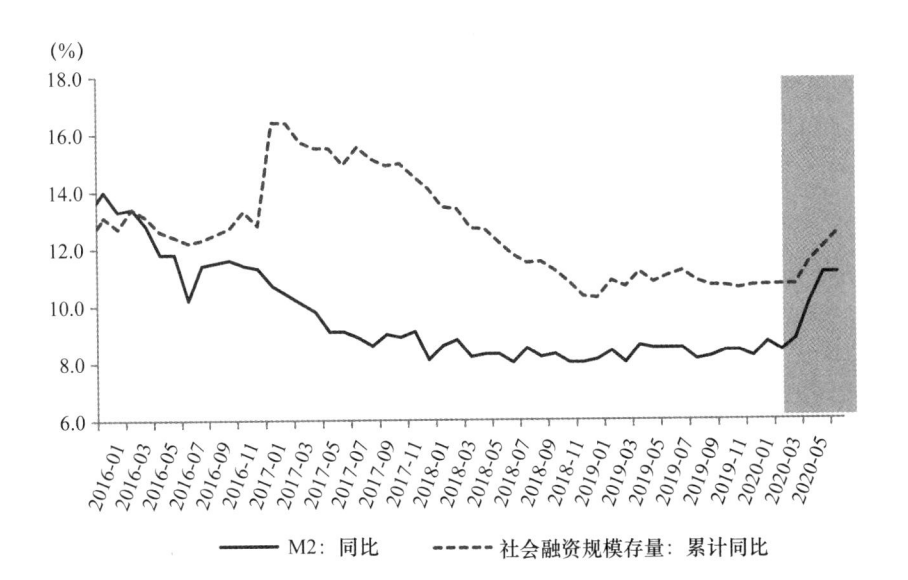

图4-5 货币和信用政策边际宽松

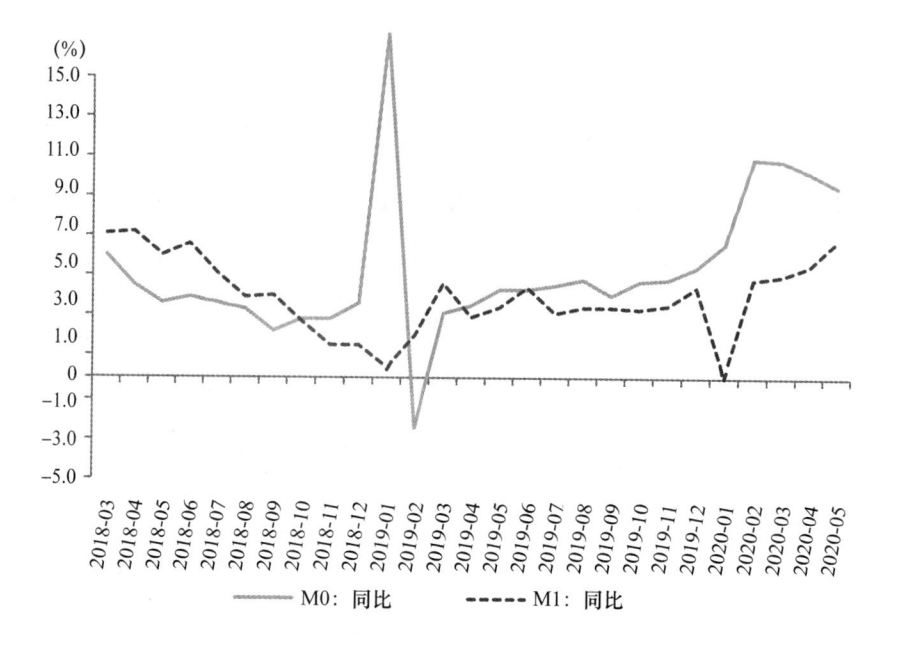

图4-6 货币政策边际宽松

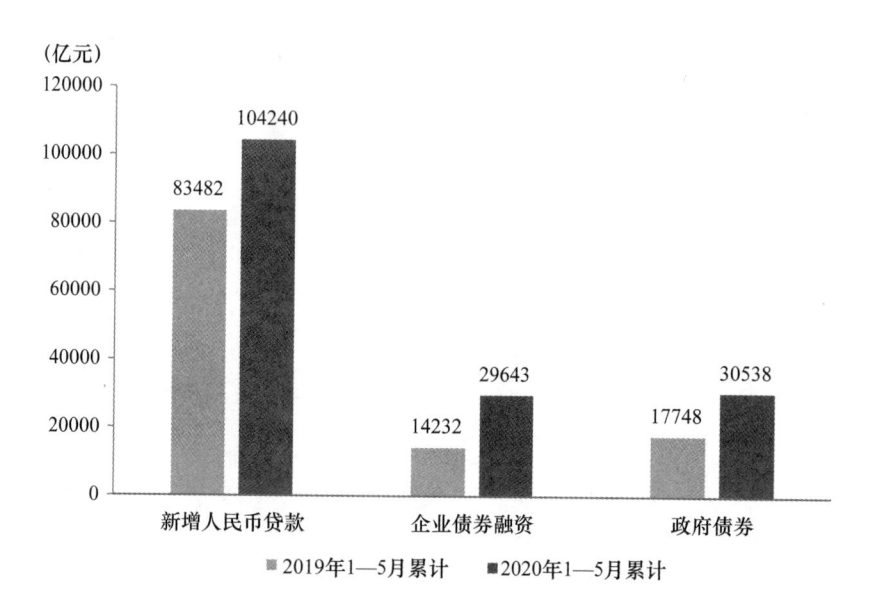

图4-7 2020年信用政策明显宽松

万亿元,分别比上年同期多增约 2.07 万亿元、1.54 万亿元、1.28 万亿元,大约增长 24.9%、108.3%、72.0%,显示信贷政策全面转向宽松。

2020 年以来,在新冠肺炎疫情的冲击下,国内经济下行压力持续加大,为对冲新冠肺炎疫情冲击,监管部门出台多项举措,推动实体经济融资。从融资成本来看,信用债发行成本进一步回落。以 1 年期短期融资券为例,2020 年以来,为了应对疫情冲击,宏观经济政策加大逆周期调节力度,货币政策边际放松。自年初以来,央行已实施了 3 次降准并释放了 1.75 万亿元资金,同时多次下调货币政策工具利率以保证资金面的充裕。在宽信用及宽货币的背景下,信用债发行成本延续 2019 年趋势继续回落。截至 4 月末,AAA、AA+和 AA 级短融平均发行利率分别为 2.46%、2.80%和 3.74%,较 2019 年末下降 100—183 个基点。

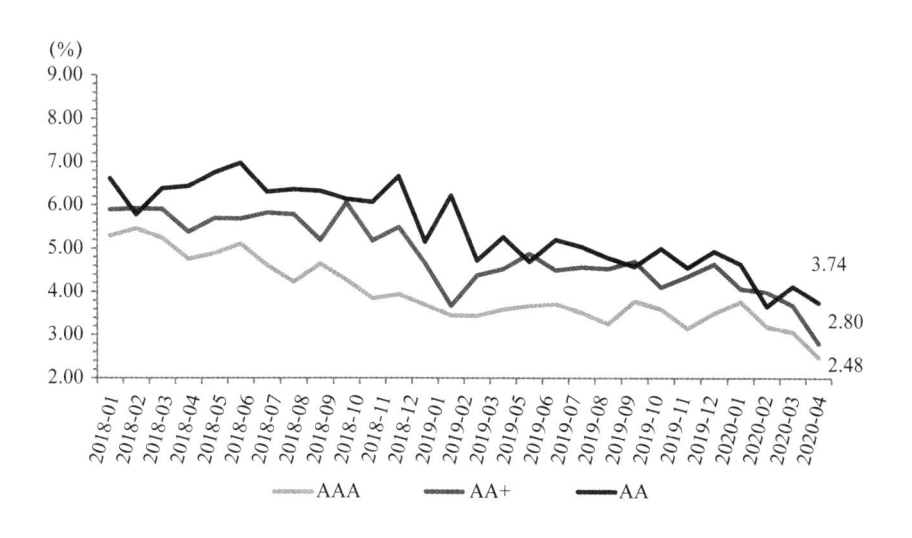

图 4-8 1 年期短融发行利率继续下行

2020年前4月信用债发行总量及净融资额同比大幅增加，并创历史同期最高水平。截至4月末，信用债共计发行5.34万亿元，同比增长37%，由于年内信用债到期规模为2.73万亿元，同上年相比小幅增加2.3%，远不及发行增长幅度，使得净融资额大幅增加至2.62万亿元，较上年同期翻了一番。

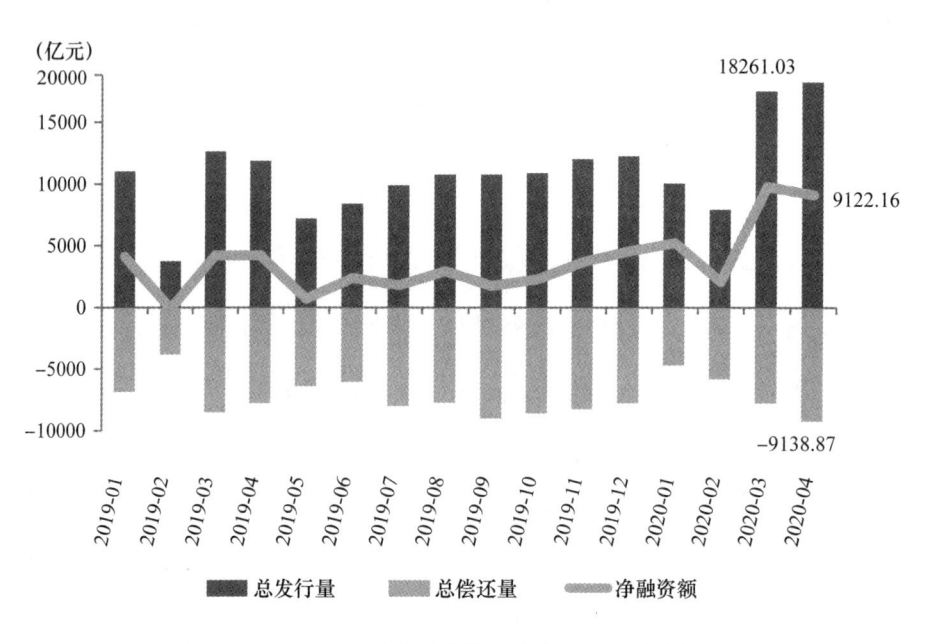

图4-9 2019年以来信用债月度发行及净融资情况

从民营企业融资情况来看，2020年以来在各类融资支持政策的推动下，民营企业信用债发行规模达到2473.29亿元，同比增加27.0%。同时，自2020年1月起民营企业净融资额由负转正，最终前4个月民企净融资总额为884.68亿元。

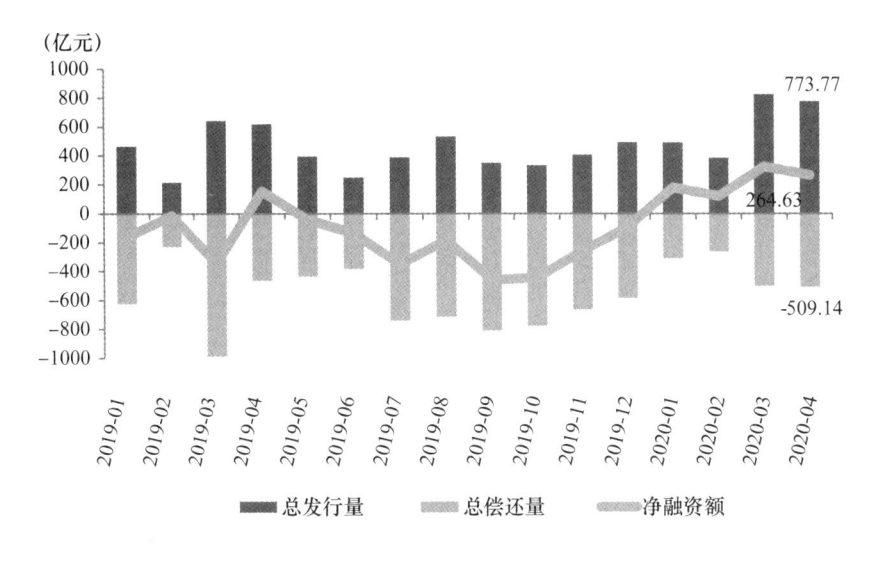

图4-10 2019年以来民营企业信用债发行及净融资情况

（三）落实"6.8万亿元"财政扩张，形成规模性政策组合

在内需增长出现大幅下滑和结构分化达到临界值的背景下，简单的预调、微调已经不足以应对宏观经济面临的持续下滑风险，而必须借助于中期视角的"预期管理"，旗帜鲜明地稳定内需，组织利用好"规模性政策"，来引导市场主体形成一致预期，确保经济增速保持在合理区间。年初以来，为应对新冠肺炎疫情冲击，中央各部委及地方密集出台了一系列各种各样的救助和扶持政策，但如何形成合力、发挥规模效应尚缺乏统筹安排。特别是由于收入下滑和预期恶化，目前除了总量性的收缩，更在投资和消费领域出现了结构性的紧缩效应：居民不敢增加消费，企业不再扩大投资。如此持续下去，不仅升级型的结构分化将会

停滞，而且萧条型的结构分化也将加剧，产生总量性的紧缩效应和局部性的风险恶化。鉴于疫情产生的剧烈经济和社会心理冲击，改善市场预期格外重要，而要改善预期，必须将《政府工作报告》和中央政治局会议明确的一揽子规模性政策组织好、宣传好、利用好，尽快形成具体的、可操作的、有一定力度的方案，真正发挥"规模性政策"的预期引导作用。

综合考虑"六稳"和"六保"的分项目标任务，基于不同类型政策工具的针对性、时效性、兼容性，建议利用"6.8万亿元"额外财政扩张资金，出台三大"规模性"政策方案。

1. 果断出台3万亿元消费刺激和收入补贴计划，疏通经济循环堵点，同时托底民生

安排财政资金2.1万亿元，以消费券的形式全民发放，分3个月期和6个月期两个品种，扩大商品和服务覆盖范围，允许商家自愿按照一定比例配套，预计总发行消费券规模在2万亿—3万亿元；安排财政资金0.9万亿元，以现金形式补贴低收入家庭，其中0.72万亿元补贴"6亿人口"低收入家庭，0.18万亿元用于完成脱贫攻坚任务和建立教育扶贫基金。

在疫后经济恢复期，推动企业市场化复工达产和扩大投资的关键在于畅通宏观经济循环，而畅通宏观经济循环的关键在于加快重启居民消费，而重启居民消费的关键在于以增加居民收入和民生保障为基础的规模性消费刺激。可以说，随着产业链、供应链堵点得到有效解决，消费需求不足已经成为现阶段宏观经济循

环的主要堵点：疫情对居民收入和社会心理的剧烈冲击，导致居民消费需求回升力度不足、回升节奏过慢，制约企业复工达产和扩大投资计划，而企业生产和投资动力不足反过来又导致企业的就工需求下降，进而产生就业压力和收入下滑压力，进一步制约居民消费回升潜力，由此形成恶性循环。在此恶性循环下，针对企业的减税降费政策、信贷金融政策效率也都将大打折扣，甚至会产生新一轮的脱实向虚现象。只有市场需求有效回升，企业生产和投资计划才稳得住，就业才稳得住。因此，建议果断出台3万亿元消费刺激和收入补贴计划，打破居民消费的过度保守化倾向，疏通宏观经济循环堵点。

从民生托底、家庭纾困的角度，以上方案组合可以形成三层收入补贴方案，相当于为社会增加了三层保险：一是中等及以上收入家庭人均1500元消费券；二是低收入家庭人均1500元消费券+1200元现金；三是贫困人口家庭人均1500元消费券+1200元现金+专项扶贫资金。

因此，这一规模性消费刺激和收入补贴方案，至少具有三方面好处。第一，通过有效拉动居民消费，疏通宏观经济循环堵点，可以充分依靠市场的力量发挥政策传导效应，即由市场需求回升而非政府的选择性扶持，对企业的营收预期和投资收益预期的提振作用更强，政策扭曲效应更小。第二，通过家庭纾困来保障民生，可以有效防范经济风险转化为社会风险。无论是以消费券的形式还是现金的形式直接补贴居民，都可有效避免政策资金被地方政府或企业截留,有助于直接高效地改善民生,提高人民群众的幸福感、满意度,而且具有短期改善收入分配的作用。第三,确保完成脱贫攻坚任务,努力实现全面建成小康社会目标。从确保完成决战决胜脱贫攻坚目标任务的角度,根据国务院扶贫开发领导小组办公室数据,经过7年多的精准扶贫,现行标准下的农村贫困人口已从9899万人减少到2019年底的551万人,按照4000—5000元/人的标准,200亿—300亿元可以确保本年脱贫,但考虑到疫情冲击下的返贫问题以及建立长效脱贫机制,所需资金可能远超这个规模。分层补贴方案既可以保障剩余贫困人口脱贫,又可以避免脱贫人口返贫以及中低收入家庭陷入贫困。

2. 长短结合、新旧搭配,出台3万亿元基建投资计划

利用专项债扩容资金1.6万亿元,依靠社会配套资金撬动基建投资2万亿—3万亿元(基准估计2.96万亿元),加强面向新型城镇化建设和产业链供应链发展方向的基础设施。从投资环境看,在国内外需求不足、大宗商品价格低迷的时期,进行基建投资的政策成本最低;从短期拉动经济增长的角度,基建投资的政策时滞最短,"稳增长"和保就业效应往往立竿见影;从提高长期增长潜力的角度,考虑到我国新型城镇化的高速发展,传统基础设施存量相比发达国家仍有差距,同时新一轮国际竞争和高质量发展对新型基础设施的需求较大,通过新旧结合进行基建投资,特别是以新基建为先锋构建中国新旧动能转换的发展投资基础,对中长期增长潜力的拉动效应最强。根据《政府工作报

告》，2020年安排地方政府专项债券 3.75 万亿元，比上年增加 1.60 万亿元，按 1.5 倍杠杆计算，预计可以额外撬动基建投资规模 2.40 万亿元，同时在上年底出台的降低项目最低资本金比例要求的基础上提高专项债可作项目资本金比例，按总体提高 10% 计算，可以额外再撬动基建投资规模近 0.56 万亿元，合计带动基建投资规模相比上年额外增加 2.96 万亿元。

3.3 万亿元产业支持计划

安排财政资金 2.20 万亿元，1.60 万亿元用于企业减税降费，与 1.50 万亿元金融支持政策搭配使用；0.60 万亿元政府购买，用于疫情防控和救灾，在保障基层运转的同时间接支持产业。前述 3 万亿元消费刺激计划和 3 万亿元基建投资计划，能够从最终产品和投资品两个渠道快速地稳定市场内需，从需求面对企业形成巨大支撑；在此基础上的 3 万亿元产业支撑计划，则是从供给面对企业形成针对性扶持，主要针对受疫情影响较大、由于疫情敏感而需求恢复较慢的产业，出台减税降费、信贷融资等相关扶持政策，帮助企业纾困。

基于各项政策的乘数效应，可以粗略预估 2020 年一揽子财政扩张政策对短期经济增长和就业等的拉动效应，估计结果如下表所示。结果显示，通过多种举措协同发力，能够压实做细"六保"工作。具体来看，一揽子规模性扩张政策能够达到的政策效果包括：拉动名义 GDP 增长 7.10 万亿元，相当于提高名义 GDP 增速 7.2%；提高家庭可支配收入 8.14 万亿元，相当于提高人均可支配收入5814元；提高企业可支配收入2.43万亿元；实现财政回笼资金1.65万亿元；稳定就业岗位7532万个。

表4-1　　　　　2020年宏观政策增长拉动作用预估

		基建投资	专项债扩容	作资本金比例提高	财政收支	消费刺激	家庭补贴	脱贫攻坚	产业支持	合计
方案1			1.60	10.00（%）	5.20					6.80
		2.96	2.40	0.56		2.10	0.72	0.18	2.20	
效果预估	GDP（万亿元）	3.20	2.59	0.61	3.90	2.44	0.45	0.11	0.90	7.10
	家庭可支配收入（万亿元）	1.60	1.30	0.30	6.54	3.42	0.96	0.24	1.91	8.14
	企业可支配收入（万亿元）	0.77	0.62	0.15	1.66	0.57	0.10	0.03	0.97	2.43
	财政资金回笼（万亿元）	0.80	0.65	0.15	0.85	0.53	0.10	0.02	0.20	1.65
	进口额（万亿元）	0.65	0.53	0.12	0.71	0.40	0.09	0.02	0.20	1.36
	就业岗位（万个）	2089	1692	397	5444	2010	340	89	3005.2	7532

值得说明的是：一是以上方案旨在提供可选方向，具体还可以进一步细化，提高政策的针对性；二是体现民生导向，特殊时期的特殊举措需要考虑疫情冲击的异质性和脆弱敏感群体的承受能力，建议救助政策以保家庭为主导，通过补贴家庭间接补贴企业；三是政策举措在落实"六保"工作任务方面具有一定程度的交叉，体现底线管理思维，确保"六保"工作落实到位，同

时有利于地方政府根据实际情况进行有限程度的变通；四是体现长短结合，确保疫情救助政策有利于改善（至少不能恶化）收入分配和资源配置效率，减轻疫情救助政策的副作用。

（四）强弱项补短板、力争全面建成小康社会

根据党的十八大以来中央文件精神特别是十九大报告，全面建成小康社会目标涉及经济发展、民主法治、文化建设、人民生活和资源环境五大板块25个核心评估指标。其中，经济发展、人民生活两大板块所涉及的指标由于具有较强的经济社会属性，在新冠肺炎疫情的剧烈冲击下完成难度较大，成为2020年全面建成小康社会的主要制约因素。

1. 经济发展板块存在的五大制约因素

（1）国内生产总值。根据全面建成小康社会目标要求，2020年国内生产总值（不变价GDP）要比2010年翻一番，这要求2020年实际GDP增速达到5.5%左右。但是受疫情冲击下第一季度GDP负增长6.8%的影响，全年GDP增速达到5.5%左右的难度极大，已成为各主要约束性指标中的最大短板。但是根据我们的数值模拟预测，2020年实际GDP增速预计为3.0%左右，其中第二至第四季度累计增速有望达到5.6%。因此，如果以第二至第四季度经济增速来衡量中国真实增长水平，2020年仍有较大把握完成目标。应该科学规划第二至第四季度的经济增长目标指引。

（2）服务业增加值比重。根据全面建成小康社会要求，2020年服务业增加值比重的目标值为56.0%，而2019年为53.9%，这要求2020年进一步提高2.1个百分点。但是，从上半年经济复苏的进展情况看，第二产业复苏较为强劲，但服务业恢复较慢。1—5月累计，工业增加值同比下降2.8%，服务业生产指数同比下降7.7%，服务业比工业增速明显低了近5个百分点。按照目前的节奏持续下去，全年服务业增加值比重可能难以提升，甚至比2019年有所下降。

（3）常住人口城镇化率。2020年全面小康的目标值是60.0%，而2019年为60.6%，按说已经提前达到目标。但值得注意的是，城镇常住人口统计里包括约2.3亿农民工（户籍人口城镇化率仅为44.4%），而2020年受疫情影响，农民工返城比例较上年大幅下降，而且近期还出现了已返城农民工大规模二次返乡的情况。具体来说，截至4月末，农民工外出率仅为71%，而且4月中旬以来，已返城农民工由于无法充分就业，出现了大规模二次返乡潮，截至5月22日，规模已经达到1000万人，而且在持续上升。如果按照目前的节奏持续下去，2020年常住人口城镇化率就很可能会比2019年大幅下降。

（4）研究与试验发展经费投入强度。2020年全面小康的目标值是3.00%，而2019年仅为2.19%，较目标值仍有较大差距。特别是考虑到在绩效恶化和预期高度不确定性的背景下，企业进行研发投资的积极性可能进一步下降，完成目标值的难度较大。

（5）战略性新兴产业增加值占GDP比重。全面小康目标值是15%，2019年为10%左右，与目标值仍有较大差距。虽然考虑到疫情影响下，战略性新兴产业比总体经济的恢复速度快，2020年比重可能会有所上升，但由于与目标值差距较大，要完成目标存在一定难度。

2. 人民生活指标存在的五大制约因素

（1）失业率。2020年全面小康的目标值是6%，年初以来，城镇调查失业率于2月和4月两次突破6.0%，分别达到6.2%和6.0%，虽然5月小幅下降至5.9%，但随着疫后农民工返城和高校毕业生就业高峰来临，未来失业风险还可能进一步显化，城镇调查失业率很可能再次突破6.0%。即使从官方统计指标来看，2020年面临常住人口城镇化率与城镇调查失业率两个指标的冲突和矛盾问题，前者要求农民工必须在7月全部返回城镇，而后者则面临一旦全部返回，城镇调查失业率必然大幅上升的问题，必须在下半年彻底消耗。

（2）农村贫困人口累计脱贫率（现行标准）。2020年全面小康的目标值是100%，这一目标理论上应该能够完成。经过多年的精准扶贫，2019年农村贫困人口已经减少到551万人，按照4000—5000元/人的标准，200亿—300亿元可以实现一次性脱贫，500亿元可以建立长效脱贫机制。但是，必须考虑到疫情冲击下，很可能出现大规模脱贫人口的返贫问题，包括大量返乡农民工的收入大幅下滑，完成的难度和所需资金的规模可能会显著增加。

（3）基尼系数。2020年全面小康的目标值是不高于0.45，但2018年已经达到0.47，收入不平等程度超过了目标限度（2019年国家统计局已经不再公布基尼系数）。疫情冲击下，低收入群体受到的冲击更大，预计收入不平等程度可能会进一步恶化。

（4）城乡居民人均收入（2010年不变价）。2020年全面小康目标值是城乡居民人均收入比2010年翻一番，这要求2020年实际增速达到1.9%左右。由于城乡居民实际收入在2010—2019年的累计增幅高于实际GDP累计增幅，对其2020年的增速要求低于GDP增速要求。但由于第一季度实际同比下降3.9%，全年增长1.9%仍有一定难度。

（5）公共服务类指标。2020年全面小康目标要求公共交通服务指数、社区综合服务设施覆盖率指数、基本社会保险参保率指数均达到100%，每千人老年人口养老床位数达到35个。从近几年可得的数据来看，以上指标离实现目标均有较大差距。

（五）统筹兼顾，努力实现全面建成小康社会目标

首先，分类考虑不同类型的制约因素，做到精准攻坚、有的放矢。从各类指标面临的困难看，可以分为三种类型：第一种是截至2019年底离目标虽有一定差距，但在正常情况下2020年能

够完成,然而受疫情影响,完成难度加大。例如,国内生产总值和城乡居民人均收入比2010年翻一番。这类指标应该在积极作为的基础上,构建剔除疫情影响的替代性指标来科学合理地评估。第二种是截至2019年底已经提前完成,但是受疫情影响可能会出现倒退。例如,常住人口城镇化率和城镇调查失业率。这类指标应该克服一切困难、努力完成,确保年底基本实现。第三种是截至2019年底离目标仍有较大差距,受疫情影响完成的难度进一步加大。例如,研发强度、基尼系数、公共服务。这类指标应该权衡取舍、量力而行,但在设计规模性政策时,应该进行适度倾斜照顾,因为这类指标往往体现了高质量发展的内在要求。其中,减税降费政策可以进一步提高企业研发费用税前加计扣除力度,调动企业扩大研发投资的积极性;稳消费政策可以考虑出台规模性消费券和家庭收入补贴计划,增加居民收入、改善收入分配,一举多得;稳投资政策可以加大公共服务类投资,包括公共交通、社区综合服务设施、医疗养老床位;保民生政策可以进一步提高基本社会保险参保率。

其次,在总体政策空间约束下,寻找解决不同制约因素的政策交集,从而集中政策火力、一举突破。例如,国内生产总值、服务业增加值比重、常住人口城镇化率、失业率、城乡居民人均收入等等,虽然表面上看起来是同时面临多个制约因素,但本质上都是由"经济复苏"问题所致,特别是服务业复苏问题。当前服务业复苏显著滞后于工业和建筑业,首先成为国内生产总值和城乡居民人均收入的制约因素；同时，服务业又是吸纳城镇居民就业和农民工的主体，因此又成为失业率、常住人口城镇化率的制约因素。以受疫情冲击较大的私营企业和个体户为例，2019年吸纳4亿人口就业，其中1.57亿人分布在批发和零售业，3200万人分布在住宿和餐饮业，3300万人分布在租赁和商务服务业，这三大行业在第一季度的增加值分别下跌17.8%、35.3%、9.4%，跌幅显著高于总体经济。尽管金融业，信息传输、软件和信息技术服务业，保持了较快正增长，但一般失业人员特别是农民工群体显然难以向这些高门槛行业转移。因此，解决困难服务业的复苏问题，则以上指标都可以得到显著改善。

再次，把握好量化指标和现实感受的关系，提高人民群众的实际生活水平和现实获得感。由于居民收入下滑和大量隐性失业群体的持续存在，对于企业的救助应对转向对于家庭的帮扶，对于生产者的扶持应当转向消费者补贴，通过扩大需求巩固第一阶段供给复苏的成果。尽管从宏观经济传导的角度看，最终殊途同归，但从全面建成小康社会的政治经济学意义讲，2020年必须推出以补贴家庭、保障民生为起点，以刺激消费、提升市场需求为中介，最终既保企业又稳就业的"规模性消费刺激和收入补贴计划"。

最后，对于社会各界最为关注的经济增长指标，我们建议2020年GDP增长核算应该剔除疫情因素，不仅具有政治经济学意义，也具有科学合理性和现实可行性。2020年经济增长是极为特殊的一年，其特殊性在于新冠肺炎疫情的短期剧烈冲击。因此，对于2020年GDP增长的核算也必须充分考虑这一短期因素的干扰，在常规统计的基础上，补充构建剔除疫情因素的GDP增速指标及其相关指标。这样做具有科学合理性、现实可行性和预期引导意义。

2020年第一季度的GDP增长数据，不应该纳入全年的GDP增长核算。在第一季度，面对突如其来的新冠肺炎疫情，中国集中精力进行严格的疫情防控，在较短的时间内取得了疫情防控的胜利，避免了上百万人感染，挽救了十几万人的生命，所取得的这些成就是无价的，难以用经济指标来衡量。由于中国进行严格的疫情防控，包括企业停工停产和居民社交隔离，第一季度的中国宏观经济运行完全处于非正常状态，也因此第一季度的经济增长数据并不能客观反映中国真实的经济增长水平。

2020年第二至第四季度的GDP增长数据，可以作为全年GDP增长数据的替代性指标或补充性指标。中国在第一季度取得疫情防控的胜利，得以将疫情对中国经济的正面冲击"锁定"在第一季度，这不仅为全年经济社会发展奠定了有利基础，也为构建剔除疫情影响的GDP增速指标提供了极大便利。按照目前的经济恢复形势，虽然第二季度仍然受到疫情较大程度的影响，但中国经济在第第三季度和第四季度有望恢复至正常增长轨道。因此，以2020年的后面三个季度的GDP增长数据来反映中国经济增长水平具有科学合理性，同时也具有技术上的可行性。事实上，即使这一增长数据也依然在一定程度上低估了中国的经济增长水平，但也因此更容易得到社会各界的认同。

以第二至第四季度的累计GDP增速来衡量全年经济增速，能够实现全面建成小康社会目标所要求的"翻一番"目标。在"两会"推出的一揽子规模性政策的作用下，疫情冲击对2020年第二至第四季度经济增长的影响可以得到有效对冲，全年实现较为强劲的"逐季复苏"特征。我们分三种情景，设置各季度的增长目标如下：（1）根据我们的基准预测，第二季度GDP增速为2.5%，第三、第四季度GDP增速为6.5%、7.5%，则三个季度累计GDP增速可以达到5.6%（下半年增速为7.0%，全年增速为2.9%）；（2）若第二季度GDP增速达到3.0%，则第三、第四季度GDP增速达到6.2%、7.0%，三个季度累计GDP增速就可以达到5.5%（下半年增速为6.6%，全年增速为2.8%）；（3）若第二季度GDP增速仅为1.0%，则第三、第四季度GDP增速达到7.0%、8.0%，三个季度累计GDP增速就可以达到5.5%（下半年增速为7.5%，全年增速为2.8%）。

通过以上情景测算，如果以第二至第四季度这三个季度的累计GDP增速作为2020年经济增速的衡量指标，那么实现全面建成小康社会所要求的2020年GDP比2010年"翻一番"的目标任务，就具有了现实可行性，它要求下半年经济增速比上年同期高0.5%—1.5%，符合疫后经济修复反弹的客观规律。以此为目标指导全国各地区的经济发展就具有引领作用，既可以避免地方政府的不作为,又可以避免对经济过度刺激而产生严重的后遗症。通过完成下半年经济增速略高于上年同期的目标任务,失业风险和民生风险有望得到极大缓解,从而更好地做好"六稳"工作、落实"六保"任务。

二 强基固本深化改革开放,因势利导把握战略机遇期

从中长期的视角出发,在短期稳定经济的基础上,需要强基固本深化改革,顺势利导把握先机。在疫情的剧烈冲击下,有四方面的基础需要继续巩固。

(一)全面深化改革开放、持续释放制度红利,巩固疫前全要素生产率(TFP)企稳回升的不易成果

近年来,随着改革攻坚取得成效,制度红利开始加速上扬,资源配置效率和TFP出现企稳回升,但是新一轮的改革红利还没有完全释放,尚未承担起拉动中国经济常态化增长的重任。如图4-11所示,目前新一轮的制度红利正在加速构建并开始触底回升,推动TFP有所改善。具体来说,随着前一轮改革红利释放殆尽,TFP增长率从1992—2007年的3.4%逐步回落到2008—2016年的-0.3%,对经济增长的贡献率从29.9%回落至

-4.7%，但是，随着新一轮改革红利释放，TFP增长率企稳回升，从2016年的-0.5%回升至0.8%和1.3%，对经济增长的贡献率从-7.3%回升至11.0%和19.5%。其中一个表现是，营商环境改善持续，创业创新热情高涨，微观主体活力增强。2019年，全国新登记市场主体2377万户，日均新登记企业2万户，活跃度达70%，年末市场主体总数达1.2亿户。

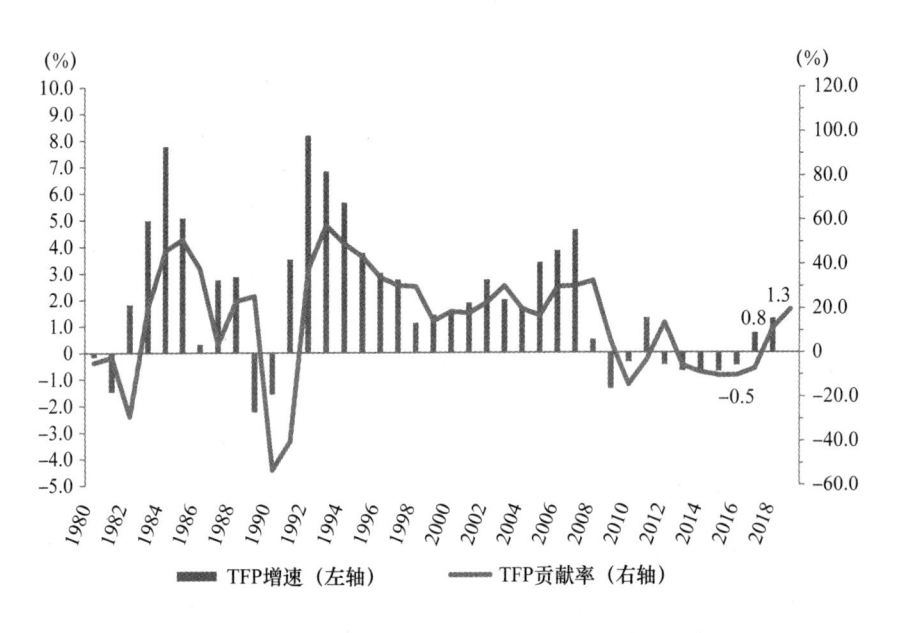

图4-11 中国TFP增长率及其增长贡献率变化趋势

但是，目前TFP的改善幅度仍难以主导经济高质量发展和承担起拉动经济常态化增长的重任，深化改革调整的任务依然艰巨。特别是在新冠肺炎疫情的剧烈短期冲击下，严格的疫情防控举措以及规模性疫后刺激政策都可能对中国的资源配置效率和全要求生产率产生不利影响，使近年来改革攻坚所取得效率提升效应出现明显的下滑。因此，在经济复苏全面完成后，必须以构建高标准市场经济体系为目标，加快推出新一轮改革开放，激发市场经济活力。特别是细化和落实上半年出台的《关于构建更加完善的要素市场化配置体制机制的意见》《关于新时代加快完善社会主义市场经济体制的意见》两个纲领性改革文件的具体实施方案，开启新一轮以推动形成国内市场大循环为导向的供给侧结构性改革来解决我们面临的深层次结构性与体制性问题，持续释放制度红利，巩固疫前中国全要素生产率企稳回升的不易成果。

（二）生产能力未受破坏、工业企业资产负债表整体稳固，需要继续巩固我国全球供应链体系的分工和贸易优势地位，即中国独一无二的综合优势基础

近年来，中国持续推进供给侧结构性改革，防范化解金融风险，加强资产负债表的稳健性。疫情冲击下，中国工业经济的韧性得到了充分展现，金融市场保持稳定的一个重要基础就在于资产负债表稳固、没有出现明显恶化。但是疫情的影响还在持续，在宽信用政策的刺激作用下，债务风险也将持续累积，需要加强防范金融风险，继续增强资产负债表的稳健性。其中的关键在于，新增加的债务能够传导至实体经济、形成有效资产，避免脱实向虚。

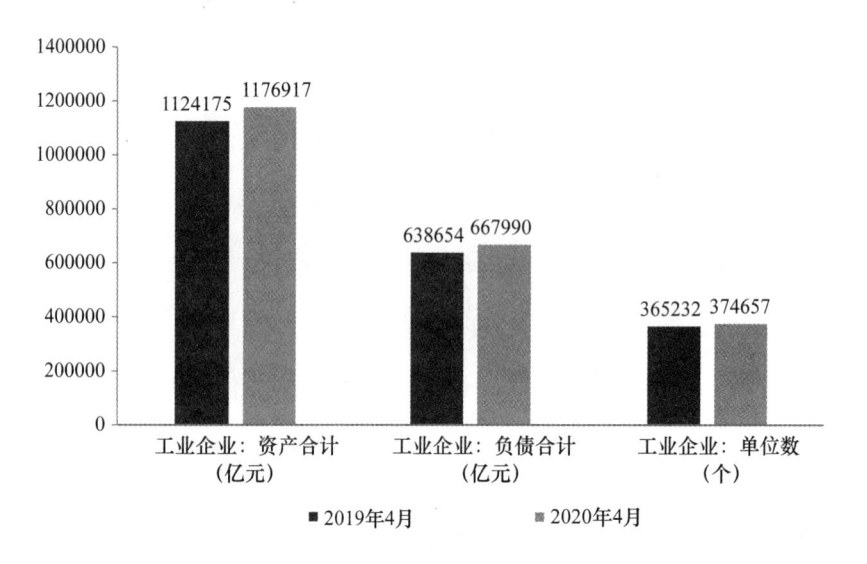

图4-12 疫情冲击下中国企业资产负债表保持稳健

指标	2019年4月	2020年4月
工业企业：资产合计（亿元）	1124175	1176917
工业企业：负债合计（亿元）	638654	667990
工业企业：单位数（个）	365232	374657

在此基础上，需要继续巩固中国在当前的全球供应链体系的分工和贸易优势地位，它来源于中国独一无二的综合优势基础。既有全球供应链体系的形成及其运行机制，并不是单个国家遵循自身利益自大化的逻辑构成，而是全球多数国家的经济利益和发展动力需求长时间的互动博弈决定的，是全球绝大多数国家共同利益需求的自然演变结果，并不是由单个国家的自私自利政治诉求可以随意决定或改变的。中国能够成为此轮全球供应链体系中的"世界低端工厂"的核心平台，本质上是由中国所具备的独一无二优势的综合优势汇集而成的，是全球多数国家追求自身利益最大化的必然共同选择结果。中国具备的独一无二优势具体表现在：一是中国在很多制造业部门的产业链、产品链体系中，形

成了相对齐全的国内生产制造体系。而且，中国由国内众多的产业集群或企业集群演变而来的产业链集群，使得中国产业链、产品链集群和综合配套能力方面的优势全球独一无二。随意搬迁的跨国企业必然会造成自身配套环节的产业链、产品链断裂现象，或者极大地增加物流成本，或者增加生产成本。二是虽然中国劳动力工资水平一直处于持续上涨态势，已经高于很多发展中国家的工资水平，但是从工作工资收入和工作效率性价比的角度来看，中国的劳动力综合素质和综合成本优势全球领先，再叠加相对具有劳动流动性较为宽松的用工习惯制度和对简单工作所具有的持续忍耐力等因素的情形下，劳动力综合优势仍然全球独一无二。三是中国的基础设施建设与发展中国家甚至部分发达国家相比，具有相对领先优势，利于制造业部门物流成本的持续降低和全区域、全领域布局。而且，中国已经在新基础设施方面特别是数字经济等方面集中加速发力，不仅不会降低中国基础设施的全球领先优势，还会扩大中国相对其他发展中国家的基础设施和营商环境领先优势。四是全球新冠肺炎疫情极大地冲击和削弱了美国等西方发达国家，试图将部分制造业环节迁回或回流到本国或其他国家的能力。全球新冠肺炎疫情几乎对全球所有国家所有企业的市场销售和盈利能力造成负面冲击，而搬迁企业会需要企业重新进行大量投资，在全球新冠肺炎疫情冲击下多数企业已经丧失了短期内实施大规模投资的激励动力和能力，而且，对率先进入经济复苏阶段的中国市场的依赖性会进一步强化。五是中国持续扩张的市场消费需求成为吸引众多国家企业投资的重要场所。最为关键的是，在未来15年之内中国的人均GDP实现再翻一番发展目标，中国的消费市场规模也会再扩大一倍，到时中国必然是全球独一无二的最大消费市场。抛弃了中国消费市场，就可能意味着抛弃了全球市场，企业就会失去利用市场规模经济来实现巨额创新研发投入和市场回报之间互动机制的核心支撑。事实上，从如今的在华外国企业的经营行为来看，70%的产品是销售到中国本土市场，而30%的产品才是满足出口市场，对中国市场的依赖性由此可见一斑。综合而言，继续巩固中国在全球供应链体系中的综合优势，就能够经得起美国针对中国发起的全面战略竞争、技术封锁和科技创新遏制行为的较长时期的博弈对阵。

（三）传统产业接受洗礼、前沿产业逆势增长，在稳健复苏的继续上，需要谋求重点产业链和战略新兴产业中的"卡脖子"关键核心技术创新领域的新技术新产业发展的新机会，培育关键核心技术创新能力

疫情冲击下，中国传统产业面临前所未有的压力，转型升级的内在需求提升，特别是在生存压力的驱动下，许多产业和市场主体寻求与新技术、新平台的合作，改进生产效率、扩大销售渠道、降低运行成本，"互联网+"模式、"直播带货"模式、"共享员工"模式等新模式、新业态兴起，开始真正融入传统产业和中小微企业的日常经营之中。这些由疫情危机所催生的新业

态、新模式、新尝试，并不会随着疫情结束而全部退出舞台，而可能作为传统产业受到一场"洗礼"，未来长久发挥作用，提升企业市场活力和经济增长潜力。

同时，疫情冲击下特别是疫后修复期，中国高技术产业生产保持较快增长，新兴产品高速增长。5月，高技术制造业同比增长8.9%，连续3个月保持高于疫情前的增长水平；1—5月累计同比增长3.1%，比1—4月加快2.6个百分点。5月，计算机、通信和其他电子设备制造业增长10.8%，专用设备制造业增长16.4%，汽车制造业增长12.2%，信息传输、软件和信息技术服务业生产指数同比增长12.9%。

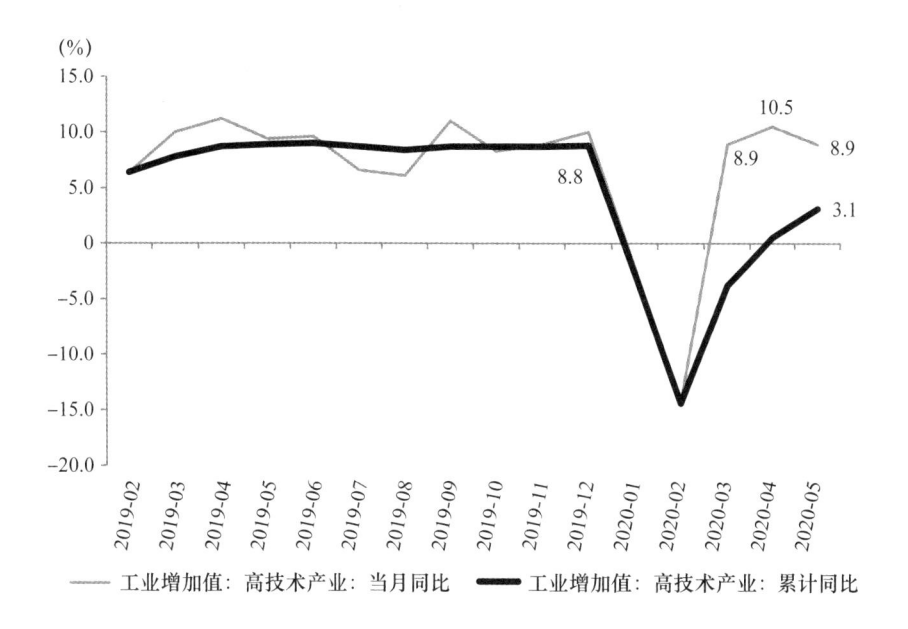

图4-13 中国高技术产业增加值逆势增长

从投资情况看，相比总体固定资产投资的负增长，高技术产业投资逆势增长。2020年前5个月，高技术产业投资同比增长1.9%，比全部投资增速高8.2个百分点；其中，高技术制造业投资增长2.7%，比全部制造业投资高17.5个百分点；高技术服务业投资增长0.5%，比全部服务业投资增速高4.4个百分点。部分高技术制造业和服务业投资实现较高速度增长，1—4月累计，生物药品制品制造业、计算机及办公设备制造业投资分别增长18.3%、15.4%；科技成果转化服务业、电子商务服务业、专业技术服务业投资分别增长28.0%、25.6%、12.5%。

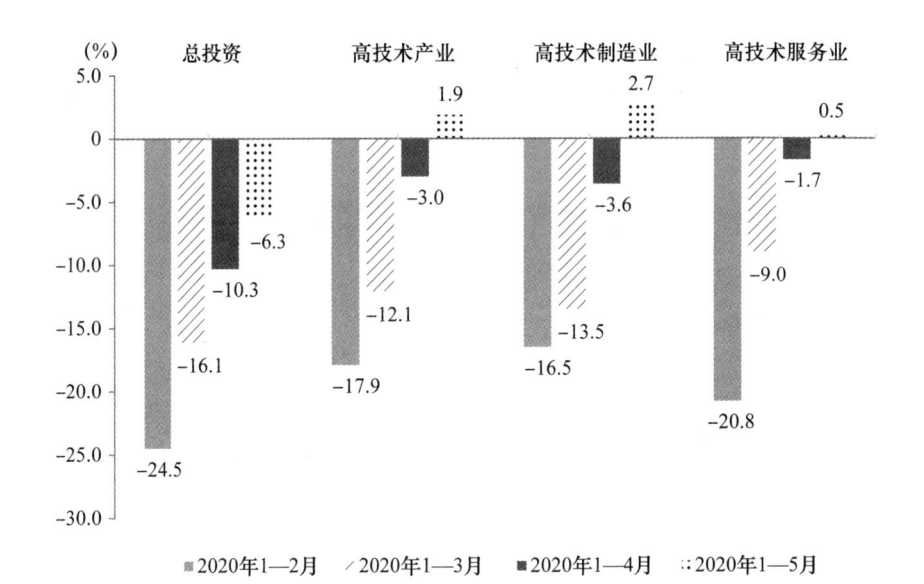

图4-14 高技术产业固定资产投资累计同比增速由负转正

从未来发展的角度，需要谋求当前和未来重点产业链和战略新兴产业中的"卡脖子"关键核心技术创新领域的新技术新产业发展的新机会。中国在重点产业链和战略新兴产业体系中的关键核心技术创新能力尚未得到彻底培育和构建，使得中国在当前中美之间的战略竞争中处于被"卡脖子"式的技术封锁和遏制地位，对中国供应链、产业链、创新链体系安全策略造成短期内的重大冲击和风险。依据我们的长期观察和研究发现，当前制约中国国家产业链安全的35项"卡脖子式"的关键核心技术创新领域，既表现在中国传统制造业部门，也表现在中国的高技术产业部门，更是体现在中国的战略新兴产业部门，同时，深刻决定着中国在未来新一轮即将破茧而出的科技革命和产业革命的前沿优势和领先位置。然而，导致中国在这些当前和未来重点产业链和战略新兴产业中的"卡脖子"关键核心技术创新领域自主能力不足的因素，既在于中国国家层面的基础研究和应用基础研究持续性高强度投入不足，也在于企业层面的基础研究和应用基础研究持续性高强度投入动力严重缺失；既在于产学研深度融合的体制机制障碍长期并未到彻底解决，也在于高等院校和科研机构的科技创新机制体制顽疾尚未有效扭转；既在于微观企业从事长周期的巨额研发投入的关键核心技术创新领域动力和能力严重不足，也在于中国尚未形成激励企业唯一依靠自主创新能力提升来谋求市场竞争优势和盈利能力的外部制度环境。因此，在全面推进综合性机制体制改革的前提下，仅仅就中国当前和未来重点产业链和战略新兴产业中的"卡脖子"关键核心技术创新领域全面突破角度而言，就蕴含着大量的新技术、新产业发展机会，蕴藏着巨额的国家和企业层面的创新研发投入机会。这也是中国在今后一段时期内产业结构优化升级的关键方向，更是中国经济新旧动能转换的基础所在。

在此基础上，谋求发展与中国迅速扩张和升级的国内高端需求市场相互支撑的全球有影响力的本土高技术跨国企业。华为企业的崛起以及美国针对华为企业的打压，深刻揭示了一个极为重要的发展规律是，一国所拥有的具有前沿创新领先能力的本土高科技跨国企业数量多少，既决定了该国在当前和未来重点产业链和战略新兴产业的全球化供应链体系中的控制能力和利益博弈能力，也决定着一国的未来科技革命和产业革命的领先地位。需要关注的基本事实是，一国能否拥有众多数量的具有全球领先能力和垄断优势的本土高技术跨国企业，既与一国在基础研究和应用基础研究方面的持续性高强度投入密切相关，更与企业层面的基础研究和应用基础研究方面的持续性高强度投入直接相关。事实上，如今的全球高科技跨国企业的核心竞争优势，越来越向创新链前端的基础研究和应用基础研究自主能力延伸，只有企业在基础研究和应用基础研究领域进行持续的高强度的研发投入，才能真正获得和维持自身的全球核心竞争力。因此，从主动影响乃至创造对外开放新格局的角度来看，保障中国产业链、供应链安全的最优手段是采取"以攻为守"谋略，主动培育和发展出具有真正市场导向的本土高技术跨国企业，进而深度参与和能够影响全球产业链、供应链体系的分工体系和利益分配格局。而且，随着中国国内需求市场规模的迅速扩张，不依靠国外市场而仅仅凭借中国国内规模相对庞大的高端需求市场容量，中国就可以培育和发展出本土高技术跨国企业，形成中国独特的企业高强度研发投入和依靠本土高端市场获得创新回报补偿之间的国内良性循环机制，从而实现依靠"国内循环机制"再到"全球供应链循环机制"的相对低难度转换。因此，今后一段时期中国新技术新产业新动能的主要载体之一，就是必然培育和发展出一批具有全球影响力的本土高技术跨国企业，这决定中国今后在全球化视角下谋求新动能的成败。

（四）规模优势更加凸显、需求增长潜力巨大，未来需要重塑经济增长格局、打破模式依赖桎梏，深化收入分配改革，发展提升以我为主的国内市场大循环

在海外疫情加速蔓延和国际经贸形势严峻复杂的情况下，面对全球供应链体系收缩现象，超大规模国内市场是中国宏观经济稳定的压舱石，也是中国经济发展长期向好的趋势不会改变的根本保障。2020年5月19日，世界银行发布了2017年轮国际比较项目（ICP）最终结果，按购买力平价（PPP）法计算，我国2017年GDP为19.6万亿美元，比当年汇率法GDP高7.5万亿美元，居世界（176个经济体）第一位，比美国略高0.5%，占世界经济总量119.5万亿美元的16.4%，占亚太区的50.8%。同时，我国2017年人均GDP为14150美元，居世界第90位

（汇率法下为第79位），仅相当于世界平均水平的85.3%，美国的23.6%。2017年以来，中国经济继续保持中高速增长，2019年GDP规模达到近100万亿元人民币的规模，人均GDP突破1万美元大关，高质量发展取得显著成效，中国超大规模市场优势进一步凸显，这既是中国应对疫情冲击的基础所在，也是未来创新发展的立足点。2019年世界500强企业排行榜，中国上榜企业数量达到129家，超过美国（121家）和日本（52家），首次位居世界第一，具有标志性意义。不过，500强企业排行榜是按照销售收入的规模来排名的，从盈利指标来看，中国企业从做大到做强还有进步空间。2019年上榜的中国企业平均销售收益率为5.3%，平均净资产收益率是9.9%，分别低于全球平均的6.6%和12.1%。

从中期视角看，在全球新冠肺炎疫情暴发和蔓延的巨大冲击和西方发达国家民粹主义催生的贸易保护主义激化的双重背景下，中国经济在一定程度上依仗和依赖的全球贸易体系正处于一个根本性的收缩、调整和重构的战略过渡期，需要适度转向内需驱动为主的内生型经济发展模式。基于长期的深入调研和思考发现，一旦某个企业习惯于满足国外消费市场的出口导向型发展模式，就一定会形成对出口的依赖型发展模式，想要转型为满足国内消费市场的内需导向发展模式，几乎难以实现。微观企业如此，国家也是如此，一旦某个国家形成了出口导向型或出口依赖型的发展模式，就有可能难以转向内需驱动型的发展模式。而我们恰恰认为，出口导向型或出口依赖型的发展模式，由于必然会受到发达国家的出口锁定效应和利润压榨效应，只能支撑出口国家特别是出口大国从低收入国家发展为中等收入国家，而难以支撑国家从中等收入国家发展为高收入国家。而且，发达国家越发采用"出口换市场开放"策略，强迫发展中国家为发达国家的高技术高附加值产品打开本国高端市场，利用发达国家产品在质量、品牌等方面长期积累起来的信誉，占据发展中国家的高端市场需求，切断了发展中国家利用本土消费者市场需求规模来培育和发展本土高技术跨国企业的内部循环机制，迫使发展中国家陷入"本土企业处于出口低端环节、本国高端市场被国外高端产品占据"的扭曲型发展模式，进而使得出口依赖型的发展中国家难以转向内需驱动型的发展模式。然而，全球新冠肺炎疫情和中美战略竞争对全球既有的供应链体系造成的短期收缩效应，在全球经济今后一段时期内处于大停滞，全球贸易规模今后一段时期内处于大收缩和大衰退的特定情形下，中国出口处于一个特定的停滞乃至逐步收缩阶段，在外部激励约束下，需要中国经济和企业更好地谋划和实现内需驱动型和自主创新驱动型的内生性增长模式。

谋求在中国重点实施的"国民收入倍增计划"支撑下，所蕴含的新基建、新消费、新业态、新产业的庞大发展机会。就中央制定的2035年相比2020年GDP翻一番的目标来看，这就意味着中国的人均可支配收入和人均消费也会翻一番，届时中国的中等收入群体将达到历史上的最为庞大规模，中国将形成全球规模最大的高端消费市场，由此全面进入内需驱动型的增长模式。在此过程中，中国的消费结构必将发生本质性的变化，涌现出各种形态的新消费模式。在高端消费规模快速扩张、消费结构优化升级和新消费结构逐步凸显的综合作用和引导下，既可以为中国的各种新基建提供必要的支撑性发展空间，特别是在基础研究和新一代信息技术为主的新基建方面所蕴含的极大投资机会提供有力支撑，也为各种形态的新业态、新产业的培育和发展提供极为重要的本土市场支撑空间，从而真正在供给和需求良性互动和相互支撑的新格局下，促使中国逐步形成以新基建、新消费、新业态、新产业为发展特色的新动能。因此，基于如此的基本逻辑认识，从2020年开始，中国在推进经济高质量发展过程中，必须将实施中国版的"国民收入倍增计划"放在经济发展战略举措的基础性地位，要从国民收入初次分配格局和再次分配格局的全面改革入手，将创造包容绝大多数国民收入持续增长的新型企业制度和金融体制，作为要素市场改革的重点目标，作为中国社会主义市场经济体制改革和建设的核心任务。

第五章　结论与政策建议

突如其来的新冠肺炎疫情不仅对2020年中国宏观经济循环产生了剧烈冲击，也对微观市场主体心理预期、行为模式以及全球经贸投资体系产生了深刻影响。尽管面临多重风险因素和趋势性下滑力量叠加的挑战，但中国在第一季度有效控制住疫情并成功守住底线、第二季度复工复产和供给面较快修复、下半年规模性政策全面发力和外需持续回升、新一轮改革红利逐步显现，全年将呈现较为强劲的逐季复苏态势。但是需要保持高度警惕的是，下半年中国经济复苏仍面临六大风险挑战：（1）疫情发展存在变数、外部形势严峻复杂；（2）需求修复慢于供给、供需缺口持续扩大；（3）内部结构分化严重、短板效应可能显化；（4）市场主体心理变化、行为模式趋于保守；（5）政策传导存在阻碍、相关机制有待理顺；（6）趋势力量逐步显化、潜在增速可能下滑。随着中国以复工复产为先导、供给侧修复为驱动的第一阶段的经济复苏已经完成，新阶段经济复苏表现将在很大程度上依赖于需求恢复的节奏和力度，从而决定了能否顺利实现向市场型深度复苏的转换。

结合我国经济复苏所处的阶段特征，针对下半年经济复苏面临的主要挑战和重大风险点，我们提出以下十方面政策建议。

第一，科学规划第二至第四季度经济增长目标指引。

根据我们的测算和梳理，受疫情冲击下第一季度GDP负增长6.8%的影响，全年GDP增速达到全面建成小康社会目标和"十三五"规划目标所要求的5.5%左右的难度极大，已成为各主要约束性指标中的最大短板，但如果以第二至第四季度经济增速来衡量中国真实增长水平，仍有较大把握完成目标。我们必须认识到，2020年经济增长是极为特殊的一年，其特殊性在于新冠肺炎疫情的短期剧烈冲击。因此，对于2020年GDP增长的核算也必须充分考虑这一短期因素的干扰，在常规统计的基础上，补充构建剔除疫情因素的GDP增速指标及其相关指标。这样做既具有科学合理性，也具有政治经济学意义，更具有现实可行性和预期引导作用。

2020年经济增速具有特殊的政治、经济意义。

首先，《政府工作报告》没有提出全年经济增速具体目标，主要因为全球疫情和经贸形势不确定性很大，我国发展面临一些难以预料的影响因素，但没有提出全年经济增速具体目标，不代表全年经济增速不重要，相反2020年经济增速的政治经济学意义比以往年份更加重要。一方面，2020年是中国全面建成小康社会的决胜之年，也是国家"十三五"规划的收官之年、"十四五"规划的确立之年，经济增速对于评估全面建成小康社会完成度、国家"十三五"规划完成度非常重要,对于"十四五"规划的确立也有指导意义;另一方面,在乐观预期和悲观预期两极分化的背景下,缺乏明确目标既可能导致部分地区对经济发展失去引领作用,部分地区又对经济过度刺激而产生严重后遗症,影响经济高质量发展的大局。

其次,2020年第一季度的GDP增长数据,不应该纳入全年的GDP增长核算。在第一季度,面对突如其来的新冠肺炎疫情,中国集中精力进行严格的疫情防控,在较短的时间内取得了疫情防控的胜利,避免了上百万人感染,挽救了十几万人的生命,所取得的这些成就是无价的,难以用经济指标来衡量。由于中国进行严格的疫情防控,包括企业停工停产和居民社交隔离,第一季度的中国宏观经济运行完全处于非正常状态,也因此第一季度的经济增长数据并不能客观反映中国真实的经济增长水平。

再次,2020年第二至第四季度的GDP增长数据,可以作为全年GDP增长数据的替代性指标或补充性指标。中国在第一季度取得疫情防控的胜利,得以将疫情对中国经济的正面冲击"锁定"在第一季度,这不仅为全年经济社会发展奠定了有利基础,也为构建剔除疫情影响的GDP增速指标提供了极大便利。按照目前的经济恢复形势,虽然第二季度仍然受到疫情较大程度的影响,但中国经济在第三季度和第四季度有望恢复至正常增长轨道。因此,以2020年的后面三个季度的GDP增长数据来反映中国经济增长水平具有科学合理性,同时也具有技术上的可行性。事实上，即使这一增长数据也依然在一定程度上低估了中国的经济增长水平，但也因此更容易得到社会各界的认同。

最后，以第二至第四季度的累计GDP增速来衡量全年经济增速，能够实现全面建成小康社会目标所要求的"国内生产总值和城乡居民人均收入比2010年翻一番"的要求。其中，城乡居民人均收入比2010年翻一番的任务在2019年已经达到；而国内生产总值比2010年翻一番的任务还需要2020年GDP增速达到5.5%。在"两会"推出的一揽子规模性政策的作用下，疫情冲击对2020年第二至第四季度经济增长的影响可以得到有效对冲，全年实现较为强劲的"逐季复苏"特征。我们分三种情景，设置各季度的增长目标。

(1) 根据我们的基准预测，第二季度GDP增速为2.5%，第三、第四季度GDP增速为6.5%、7.5%，则三个季度累计GDP增速可以达到5.6%（下半年增速为7.0%，全年增速为2.9%）；(2) 若第二季度GDP增速达到3.0%，第三、第四季度GDP增速达到6.2%、7.0%，则三个季度累计GDP增速就可以达到5.5%（下半年增速为6.6%，全年增速为2.8%）；(3) 若第二季度GDP增速仅为1.0%，第三、第四季度GDP增速达到7.0%、8.0%，则三个季度累计GDP增速就可以达到5.5%（下半年增速为7.5%，全年增速为2.8%）。

通过以上情景模拟可见，如果以第二至第四季度这三个季度的累计GDP增速作为2020年经济增速的衡量指标，那么实现全面建成小康社会所要求的2020年GDP比2010年翻一番的目标任务,就具有了现实可行性,它要求下半年经济增速比上年同期高0.5%—1.5%,这符合疫后经济修复反弹的客观规律。以此为目标指导全国各地区的经济发展就具有引领作用,既不会形成对经济的过度刺激而产生严重的后遗症,影响未来经济高质量发展的大局,又仍然需要各地区经过一定的努力,完成下半年经济增速略高于上年同期的目标任务。在这一增长目标的指引下,下半年的失业风险将得到极大缓解,能够更好地落实"六保"任务。

第二,把握信心提振的窗口期,将中期视角的"预期管理"作为各项宏观政策的统领和重要抓手。

在外部环境存在高度不确定性、内需增长出现大幅下滑和结构分化达到新的临界值的背景下,简单的预调、微调已经不足以应对宏观经济日益面临的加速性下滑风险,而必须借助于中期视角的"预期管理"。

(1)必须旗帜鲜明地稳定内需,坚定不移地推出一揽子规模性政策,引导市场主体形成一致预期,确保经济运行在复苏轨道。由于预期持续恶化,目前除了总量性的收缩,更在投资领域和消费领域都已经出现了严重的结构性紧缩效应:居民不敢增加非必需品消费、企业不再扩大生产性投资。如此持续下去,不仅萧条型的结构分化将会加剧,升级型的结构分化将会停滞,而且产生总量性的紧缩效应和局部性的风险也会恶化,城镇失业风险、返城农民工的二次返乡潮、金融市场的信用风险都可能随之显化。

（2）新一轮的信心构建必须从2020年第一季度末全面开始，应对需求紧缩效应的进一步显化。目前供给面修复带来的第一阶段复苏效应开始产生积极预期，近期外需的超预期表现为中国集中精力稳定内需带来了宝贵的窗口期，同时前期金融风险的缓释和中美贸易摩擦的阶段性缓和也为下半年带来一个相对稳定的金融市场和外贸环境，这对于重建市场信心提供了非常有利的重要时点。

（3）进一步公开明确疫情形势预期。虽然疫情具有不确定性，但通过专家相对准确判断，可以为企业投资生产明确疫情预期，从而减少发展顾虑。预期管理在我国的政策实践中仍然应用不充分，今后应该考虑由最相关部门专门研究作为政策制定的一部分。同时，由中央推动进一步减少复产复工中的政策障碍，目前实际操作中地方政府仍然存在过度管制，放开速度较慢。

第三，高度重视疫情冲击下各类微观市场主体行为模式调整的宏观经济后果，特别是居民消费行为和企业投资行为的过度"保守化"倾向，不仅导致经济复苏节奏放缓，也将导致一些传统政策手段以及预调微调模式的失效，必须要有针对性的政策举措，并且达到一定的力度。

尤其要避免宏观经济负向反馈链条的出现，导致灰犀牛事件的发生，损害中长期经济增长潜力。一是高度重视城镇居民显性失业和收入下滑引发的预期恶化问题；二是高度重视农民工隐性失业和已经出现的大规模返乡潮问题；三是高度重视大城市就业韧性持续下降的苗头性问题。由于大量隐性失业群体的持续存在，必须加快推出以补贴家庭、保障民生为起点，以刺激消费、提升市场需求为中介，最终既保企业又稳就业为结果的"规模性消费刺激和收入补贴计划"。只有市场主体行为模式有效扭转，市场需求才能有效回升，而只有需求有效回升，减税降费和金融扶持政策才能更好地发挥作用，企业才会扩大生产和投资，拉动更多就业和居民收入增长。要提升企业的产能利用率和达产率必须要有充足的订单和市场需求，否则生产越多就亏损越多。特别是大量的服务业企业的产能恢复状况由于没有市场需求基本处于停摆状态，产生新一轮的隐性失业和收入下滑问题，形成恶性循环。

第四，随着中国经济复苏步入新阶段，经济工作的重点必须从行政性复工复产转向有效需求的快速扩展之上。

推动行政性复工复产向市场型深度复苏进行顺利转换，需要在快速落实中国一揽子规模化政策和有效需求提升战略的同时，调整宏观经济政策的着力点，快速提升有效需求应当成为当前宏观经济政策的核心焦点，疫情救助应当向全面刺激有效需求进行转变，供给侧扶持政策应当向需求侧刺激政策转变。

（1）必须认识到中国经济复苏已经发生重大阶段性转变，在行政性复工复产完成其历史使命的同时，出现了供需缺口扩大现象——需求端复苏的速度越来越慢于供给端复苏的速度，导致中国经济循环常态化的瓶颈性约束从产业链供应链等供给侧因素转向订单缺乏等需求侧因素。应该进一步刺激国内需求。在没有达到疫情前正常水平之前，刺激经济的政策都是有帮助的。同时，应对未来外需衰退风险也需要发展内需。新阶段发展终端消费有助于促进产业链深度和全面修复，对包括小微企业和脆弱群体就业在内的整个经济有益。

（2）新阶段不仅要扩张有效需求，更为重要的是要快速缩小已经扩大的供需缺口，需求扩展速度必须大大快于供给扩展速度。这就需要我们将政策的核心从经济主体简单的行政救助和保生存阶段向全面提高企业市场订单和需求的阶段。我们在补贴中小微企业的同时，应当加大投资需求和消费需求的扩张，供给端补贴政策、扶持政策、刺激政策必须让位于需求端刺激，通过促进供需平衡来恢复市场的循环。

（3）必须从行政性复工复产转向市场自发型复工复产，在自发性复工复产阶段如果没有快速的有效需求扩展，很可能面临需求缺口进一步放大、就业难题全面显化等问题，因此供给扶持必须全面转向需求扩张，使需求扩展速度大大快于供给恢复的幅度，以快速缩小供需缺口，防止出现第二轮停工停产。

（4）对于生产者的资金救助应当转向订单扶持和政府采购，对于生产者扶持应当转向消费者补贴，小微企业主体资金救助很

第五章 结论与政策建议

重要，但必须提防过度资金投放和过度授信。

第五，落实更加积极有为的财政政策，必须在《政府工作报告》的基础上，科学组合搭配一揽子规模性政策，疏通宏观经济循环堵点。

压实做细"六保"工作，必须考虑政策工具的针对性、时效性、兼容性。建议利用《预算报告》安排的财政扩张资金，集中出台三大"规模性"政策方案：

（1）利用财政扩张资金，果断出台"3万亿元消费刺激和收入补贴计划"，以保障基本民生、重振市场需求，打破居民消费—储蓄行为的过度保守化倾向，疏通宏观经济循环堵点。其中，2.1万亿元以消费券的形式全民发放，分3个月期和6个月期两个品种；0.9万亿元以现金形式补贴低收入家庭，含0.72万亿元补贴"6亿人"和0.18万亿元脱贫攻坚。从保民生的角度，该方案提供了三层收入补贴方案，相当于增加三层民生保险：全民人均1500元消费券；低收入群体人均1500元消费券+1200元现金；贫困人口人均1500元消费券+1200元现金+专项扶贫资金。由此，可以增强人民群众的获得感，改善收入分配，拉动市场有效需求，而且由消费者选择企业产品，是相对更加市场化的手段。只有市场需求有效回升，企业生产和投资才稳得住，居民就业才稳得住。

（2）利用专项债扩容资金和社会资金配套，果断出台"3万亿元基建投资计划"，加强面向新型城镇化建设和产业链供应链提升的基础设施建设。在总需求不足、大宗商品价格低迷期，进行基建投资的政策成本最低、增长拉动效应最强，稳增长和保就业效应往往立竿见影；从提高长期增长潜力的角度，考虑到我国新型城镇化的高速发展，传统基础设施存量相比发达国家仍有差距，同时新一轮国际竞争和高质量发展对新型基础设施的需求较大，通过新旧结合进行基建投资，特别是以新基建为先锋构建中国新旧动能转换的发展基础，提升中长期增长潜力。

（3）财政减税降费与金融支持政策搭配使用，出台"3万亿元产业支持计划"。前述"3万亿元消费补贴计划"和"3万亿元基建投资计划"，能够从最终产品和投资品两个渠道快速地稳定市场内需，从需求面对企业形成巨大支撑；在此基础上的"3万亿元产业支持计划"，则是从供给面对企业形成针对性扶持，主要针对受疫情影响较大、由于疫情敏感而需求恢复较慢的产业，出台减税降费、信贷融资等相关扶持政策，帮助企业加快恢复生产运营。

（4）通过多种举措协同发力，能够压实做细"六保"工作，实现全年经济发展目标。基于各项政策的乘数效应，上述一揽子规模性扩张政策对经济和就业的短期增长拉动效应显著，预计可以拉动名义GDP增长7.2%，提高居民人均可支配收入5800元，企业可支配收入2.4万亿元，实现财政回笼资金1.7万亿元，稳定就业岗位7500万个。从财政可持续的角度看，以上三大计划初期消耗广义财政资金6.8万亿元，在《预算报告》扩张范围内，还可回笼财政资金 1.7 万亿元，实际所消耗广义政府资金 5.1 万亿元，相比所拉动的名义 GDP 增速，政府债务负担不会大幅上升。

（5）关注局部区域财政收入崩塌的问题，特别是疫情防控和自然灾害高发期基层财政收入突变带来的各种民生问题。建议扩大财政平准基金的规模，设立过渡期基层财政救助体系，同时适度弱化财政收入的目标，防止地方政府通过加大税收征收力度和非税收等方式，变相增加企业的负担。

（6）减税降费从生产端向消费端和收入分配改革过渡，调动居民消费积极性。必须高度重视目前消费增速下滑的趋势性原因，巩固和扩大中国居民的消费基础，发挥超大规模市场优势。一是积极落实个税改革方案，减少工薪阶层的税收负担。二是加大对公共服务均等化改革，提高公共服务的可获得性。三是针对 2020 年收入波动风险，做好针对低收入阶层的消费补贴预案，防止宏观经济波动对低收入阶层的过度波动。四是制定对中产阶层消费启动战略，特别是消费升级的促进战略；重视中产阶层家庭杠杆率的过快上升，尊重杠杆率的演化规律，通过建立相应的债务风险缓释机制，促进消费平稳增长；针对汽车等耐用品消费出台专项减税降费政策。

（7）进一步提高企业先进生产设备减税抵扣和研发费用税前加计扣除力度，调动企业扩大生产性投资和研发投资的积极性。

第六，更加灵活适度的稳健货币政策，应与积极财政政策的实施相配合，形成政策合力，更好地发挥政策乘数效应和预期引导作用。进一步解决政策利率传导和风险分担机制问题，合理推动金融机构一般贷款利率下行。

（1）在内需持续回落、外需急剧疲软、金融风险得到缓释之时，货币政策应避免松紧摇摆的取向，低利率政策依然是市场复苏的一个十分重要的基础，特别是实际贷款利率的下降仍是稳投资的一个关键。

（2）保持M2增速平稳上行，为预防通货紧缩风险和各类金融指标内生性的收缩预留空间。当前非食品CPI逼近零值、PPI的跌幅持续扩大、GDP平减指数的回落、企业效益和市场预期的恶化，可能预示着新一轮的通货紧缩正在形成，需要密切关注未来一两季度的价格形势变化，及时调整货币政策定位。

（3）在新一轮信心构建的窗口期，即使在长端利率刚性、金融资源对于实体经济渗透力下滑的环境中，适度宽松的货币政策也具有必要性，依然是引导预期、防止过度收缩、配合积极财政政策的必要工具。

（4）关注货币投放方式变化对于货币传导的冲击，2020年可以逐步降低金融机构的存款准备金率的方式完成货币投放。对内需要关注M0和M1增速的持续回落，丰富央行货币发行的渠道，加大银行准备金率降低的幅度，提高中国安全性资产的供给，加大货币市场的深度；对外需要高度关注美联储政策的调整以及美国金融市场的异变。

（5）鉴于货币政策调控框架转型往往会带来基础货币供给节奏不稳定、供给工具不确定、供给对象不透明等问题，为防止市场流动性紧张时期引发市场紧张情绪，导致市场资金面和利率出现不必要的波动，货币政策除常用的公开市场操作工具外，应当通过常备借贷便利、中期借贷便利等一系列创新型工具向市场注入流动性，以强化引导市场预期。

（6）在控制债务过度上涨的过程中，货币政策的工具选择十分重要，价格型工具对于高债务企业的调整更为有利，简单的数量宽松依然需要控制。目前的宽松货币政策定位应当在数量型工具盯住流动性的基础上，以价格工具为主导。

（7）在经济下行压力加大和不确定性上扬的背景下，需要LPR改革与其他改革举措配套推进，对商业银行的风险溢价加点进行有效对冲。近期央行通过LPR改革，下调公开市场操作利率，引导LPR利率小幅下降。但是在经济下行压力加大和不确定性上扬的背景下，市场风险溢价客观上是趋于上升的，商业银行在LPR的基础上通过风险溢价加点，导致企业最终获得的一般贷款利率未必能够有效降低。因此，仍需要其他改革举措的配套推进，通过适度"降准"和大幅降低MLF利率进行有效对冲。

（8）在改革继续推进、金融创新不断涌现、利率市场化尚未彻底完成的情况下，货币政策应注重加强预期管理，更加注重引导社会预期，以提高货币政策的有效性。而要全面扭转市场悲观预期，就必须打破以往传统的"小步微调"调控节奏。避免金融环境的收紧快于市场预期是货币政策预期管理的核心要点。

（9）打破"生产领域通缩—高债务"的恶性循环，避免进入资产负债表衰退，货币政策必须抓住目前短暂的窗口期，将宽松的力度提升到一定水平，而不能采取事后追加的模式，失去引导预期的作用。一旦中国步入资产负债表衰退阶段，中国货币政策的效率也将随着中国经济出现断崖式下滑，从而带来巨额的调整成本。

（10）稳健货币政策的工具箱需要扩张。由于大改革与大转型期间的波动源具有多元性和叠加性，货币政策工具必须多元化，常规政策工具难以应对目前的格局。非常规货币政策需要进行前瞻研究，如未来出现疫情恶化的极端情形下，中国的政策篮子并不拒绝采取非常规宏观政策。

第七，宏观审慎监管要与逆周期货币政策协调配合，重点在于"市场秩序建设"而非松紧力度的摇摆，从而在防范风险积累的同时，避免造成市场预期的紊乱。

（1）金融风险的缓释和预防反复，依然是宏观审慎的核心。尽管近年来金融风险已经得到有效缓释，但未来一段时期都将处于违约常态化阶段。货币政策、宏观审慎监管、微观审慎监管以及其他金融目标的一体化显得更为重要，也是制定科学货币政策的前提。

（2）疫后经济复苏的特殊时期，宏观审慎需要强化货币投放、信贷投放、社会融资投放之间的关系，使货币政策与金融监管相互配合。建议采取"适度宽松货币政策"+"金融监管改革"的组合,以保证实体经济面临的货币条件指数的相对稳定。

(3)宽松货币政策必须辅之以"市场秩序建设"。金融市场缺陷的弥补和恢复金融市场配置资源的能力是适度宽松货币政策实施的一个重要前提。否则,宽货币、宽信用下金融领域的泡沫很可能进一步诱发资金"脱实向虚",导致实体经济与虚拟经济的背离,导致"衰退性泡沫"的出现。

(4)"稳金融"应当以"不发生系统性金融风险"为底线,不宜过度定义,必须对局部环节的金融问题和金融风险的暴露有一定的容忍度。局部风险的集中暴露有利于我们形成有效的改革路径,否则资源配置的方式和结构以及各种潜在的风险无法暴露。

(5)宏观审慎监管必须从系统性金融风险的指标监管向一些结构性因素监管倾斜。经过2019年的风险缓释操作,2020年、2021年两年对于重点城市、重点省份的债务可持续性风险的监控、对于部分行业和部分产品风险的监控显得尤其重要。

(6)在高债务环境中,不仅要保持适度宽松的货币政策,同时还要对大量的僵尸企业进行出清、对高债务企业进行债务重组,对银行以及相关企业的资产负债表进行实质性的重构。存量调整是增量调整的基础,存量调整基础上的"积极财政政策+适度宽松货币政策+强监管"依然是我们走出困局的核心法宝。

第八,民生政策要托底,提高就业弹性和失业保险覆盖范围,应对经济下行和民生冲击叠加带来的"双重风险"。

民生冲击与总需求下滑叠加不仅会使当前的经济陷入困局，还会加剧市场主体对未来的悲观情绪，对2020年的宏观管理造成更为严重的影响。面对"双重风险"，短期内既要加大民生保障支出，更要重视就业稳定政策，保就业的重要性大于保工资，通过提高工资弹性应对成本冲击。一是对受到疫情持续冲击可能诱发失业风险的局部行业、局部地区，制定有针对性的干预措施或引导措施；二是对近期面临较大困难的行业要研究专门的解决办法，结合产业政策、消费政策、税收政策、交管政策等进行；三是重视企业特别是民营小微企业面临的经营困境，从多个维度为企业减负，扶持政策应结合就业目标进行；四是适当放宽对地摊经济夜间经济的限制，扩大灵活就业的生存空间；五是通过就业补贴等工具引导企业的用工行为，同时更加注重对青年失业群体的就业引导；六是重构未来的就业政策体系，积极就业政策要更加积极，目标从充分就业转向高质量的充分就业，为提高就业质量做准备；消极就业政策要更完善，进一步健全社会安全网，做好托底准备。

第九，积极应对外部风险挑战，"着力打通生产、分配、流通、消费各个环节，逐步形成以国内大循环为主体、国内国际双循环相互促进的新发展格局，培育新形势下我国参与国际合作和竞争新优势"。

（1）中短期内以弹性汇率政策应对全球经济衰退期和资本市场振荡期的挑战。一是正确认识疫情危机和世界经济衰退引发的全球央行"降息潮",特别是欧美大幅降息和 QE 操作,主要国家货币政策宽松化操作将是常态。在此背景下,需要明确未来一段时期中国货币政策的国际化导向,货币政策宽松的节奏应与全球主要央行保持一致,实现汇率的基本稳定,作为应对 2021 年外部波动风险的核心。二是内部经济稳定依然是基本出发点,汇率调整和资本项目开放的改革都必须服从这个目标。鉴于 2020 年各类因素叠加的不确定性,中国对外经济政策应当采取保守主义的策略,以稳固中国经济企稳的基础。三是汇率市场化改革仍然是释放汇率机制以缓冲中国经济外部冲击作用的关键,是提高中国经济弹性和韧性的有效途径。从稳定金融市场的角度看,政府应该未雨绸缪,为应对人民币汇率和资本异常流动做好准备。

(2)中长期内以培育壮大国内市场大循环应对全球贸易摩擦和产业链供应链重构风险。中国的核心利益是谋求跨越"中等收入陷阱"的国际战略空间,而中国跨越"中等收入陷阱"的基础性因素在于能否促进自主创新能力体系和实施"国民收入倍增计划"的力度,这二者之间存在非常重要的相互支撑和相互制约关系。因此,决定中国产业链安全和优势维持的内生动力来源于中国内部,不会在根本上被全球化逆流所发起的战略竞争和博弈策略所动摇或遏制。一是有效利用政府和市场的双重激励作用,尽快实现制约当前和未来重点产业链和战略新兴产业体系的关键核心技术创新的全面突破,保障中国产业的全球竞争力和国家安全。二是尽快制订和实施中国版的国民收入倍增计划，发挥内需驱动型发展战略的主导作用，充分激发国内高端消费对中国经济高质量增长的支撑作用，适当管理和限制美国等少数敌意发达国家对中国核心产业链、产品链的投资和并购行为，尽快促使中国成长为第一大进口国，扩大中国对外战略的回旋余地。三是超越国有企业和民营企业的简单二分法，处理好国有企业和民营企业在中国当前和未来重点产业链和战略新兴产业体系中的协同作用，特别是要把握好二者在破解化解制约重点产业链和战略新兴产业体系的"卡脖子"关键核心技术创新领域的共同作用，尤其是要重视股份制企业在中国市场竞争机制的基础性作用。四是谋求当前和未来重点产业链和战略新兴产业中的"卡脖子"关键核心技术创新领域的新技术新产业发展的新机会，谋求发展与中国迅速扩张和升级的国内高端需求市场相互支撑的全球有影响力的本土高技术跨国企业，谋求在中国重点实施的"国民收入倍增计划"支撑下，所蕴含的新基建、新消费、新业态、新产业的庞大发展机会。

第十，全面落实党的十九届四中全会精神，细化上半年出台的《关于构建更加完善的要素市场化配置体制机制的意见》《关于新时代加快完善社会主义市场经济体制的意见》两个纲领性改革文件的具体实施和配套方案，开启新一轮全方位改革开放和供给侧结构性改革来解决我们面临的深层次结构性与体制性问题，持续释放制度红利，巩固疫情前中国全要素生产率企稳回升的不易成果。

（1）以构建高标准市场经济体系为目标，推动要素市场化改革落地，通过提高资源配置效率提升中长期经济增长潜力。新冠肺炎疫情对中国经济的供给面和需求面产生了剧烈的短期冲击，严格的疫情防控举措以及规模性疫后刺激政策都可能对中国的资源配置效率和全要求生产率产生不利影响，使近年来改革攻坚所取得效率提升效应出现明显的下滑。因此，在经济复苏全面完成后，必须以构建高标准市场经济体系为目标，加快推出新一轮改革开放和供给侧结构性改革。事实上，虽然近年来改革攻坚取得成效，制度红利开始加速上扬，推动资源配置效率和全要素生产率企稳回升，但是新一轮的改革红利还没有完全释放，尚未承担起拉动中国经济常态化增长的重任，在潜在增速持续下滑的背景下，进一步细化落实两大《意见》本身就具有紧迫性。

（2）在中期规划和设计新一轮基础性、引领性改革方案的基础上，全面总结近4年来供给侧结构性改革的成就和经验，果断推出以推动形成国内市场大循环为导向的新一轮供给侧结构性改革。一是必须认识到第一阶段供给侧结构性改革的目标已经基本顺利完成，"三去一降一补"的内容、目标、手段都需要阶段性的大调整；二是第二轮供给侧结构性改革应当以"降成本、补短板"为重点；三是必须以市场化和法制化工具为主体，避免行政化实施带来的各种问题；四是解决各种供给侧问题的基本落脚点必须配合大改革的进行；五是不能割裂"生产、流通、分配、消费以及所有制"之间的相互关系，把结构性调整简单局限于生产端，而忽视其他环节在不同时段的核心作用，这也推动形成以国内大循环为主体、国内国际双循环相互促进的新发展格局的关键。

参考文献

白重恩、张琼:《中国生产率估计及其波动分解》,《世界经济》2015年第12期。

蔡昉:《中国经济增长如何转向全要素生产率驱动型》,《中国社会科学》2013年第1期。

国际货币基金组织：《世界经济展望（World Economic Outlook）》,2020年6月。

黄群慧、黄阳华、贺俊、江飞涛:《面向中上等收入阶段的中国工业化战略研究》,《中国社会科学》2017年第12期。

李平、娄峰、王宏伟:《2016—2035年中国经济总量及其结构分析预测》,《中国工程科学》,2017年第1期。

刘伟、张立元:《经济发展潜能与人力资本质量》,《管理世界》2020年第1期。

刘晓光、苟琴、姜天予:《金融结构、经济波动与经济增长——基于最优产业部门配置框架的实证分析》,《管理世界》2019年第5期。

刘晓光、刘元春：《杠杆率、短债长用与企业表现》，《经济研究》2019年第7期。

刘晓光、刘元春、王健：《杠杆率、经济增长与衰退》，《中国社会科学》2018年第6期。

刘晓光、刘元春：《延迟退休对我国劳动力供给和经济增长的影响估算》，《中国人民大学学报》2017年第5期。

刘晓光、卢锋：《中国资本回报率上升之谜》，《经济学》（季刊）2014年第3期。

刘元春、刘晓光、邹静娴：《世界经济结构与秩序进入裂变期的中国战略选择》，《经济理论与经济管理》2020年第1期。

盛来运、李拓、毛盛勇等：《中国全要素生产率测算与经济增长前景预测》，《统计与信息论坛》2018年第12期。

世界银行：《全球经济展望（Global Economic Prospects）》，2020年6月。

尹恒、李世刚：《资源配置效率改善的空间有多大？——基于中国制造业的结构估计》，《管理世界》2019年第12期。

中国经济增长前沿课题组：《中国经济长期增长路径、效率与潜在增长水平》，《经济研究》2012年第11期。

Bartik, A., Bertrand, M., Cullen, Z., Glaeser, E. L., Luca, M., & Stanton, C., 2020, "The Impact of Covid-19 on Small Business Outcomes and Expectations", Proceedings of the National Academy of Sciences of the United States of America, July.